In dieser Reihe sind
bisher erschienen:

BLV
SPORTWISSEN

Gerd Thienes

Beweglichkeits-training

Grundlagen, Trainingsmethoden
Leistungssteuerung

Die Deutsche Bibliothek – CIP-Einheitsaufnahme

Ein Titeldatensatz für diese Publikation ist bei
Der Deutschen Bibliothek erhältlich

Bildnachweis
Umschlagfoto: Bongarts/A. Hassenstein

Bavaria/VCL: S. 8
Bongarts Sportpressephoto: S. 25
Mauritius/Arthur: S. 95
Mauritius/R. Leser: S. 81
Pictor International: S. 2, 57, 70
Süddeutscher Verlag, Bilderdienst/Pressefoto Mühlberger: S. 32

Grafiken
Jörg Mair Computergrafik

BLV Verlagsgesellschaft mbH
München Wien Zürich
80797 München

© 2000 BLV Verlagsgesellschaft mbH, München

Lektorat: Edith Ch. Kiel
Herstellung: Manfred Sinicki
Gesamtherstellung: Pustet, Regensburg

Gedruckt auf chlorfrei gebleichtem Papier

Printed in Germany · ISBN 3-405-15931-8

INHALT

Vorbemerkungen

Als eine von zahlreichen Komponenten der motorischen Leistungsfähigkeit ist die Beweglichkeit eine wichtige Zielgröße im sportlichen Training. Damit ist sie auf allen Altersstufen und Leistungsniveaus, in jeder Sportart notwendiger Bestandteil des Trainings. Beweglichkeitstraining ist jedoch kein Selbstzweck. Ziele, Inhalte und Methoden des Beweglichkeitstrainings sollen zur Steigerung, Optimierung, Stabilisierung, Erhaltung und planmäßigen Reduktion der Leistungsfähigkeit beitragen und stehen somit in Wechselwirkung mit allen anderen Trainingsmaßnahmen.

Seit Beginn der sog. Stretchingwelle Anfang der 80er Jahre nimmt die Zahl von Funktionen beweglich machender Übungen ständig zu. Beweglichkeitstraining soll das Wohlbefinden steigern, Sportverletzungen verhindern, die Leistungsfähigkeit verbessern, Erholungsprozesse beschleunigen, zu einer sportlichen Figur beitragen und nicht zuletzt als eigenständige Art des Sporttreibens Alternative zu anderen Sportarten sein. Das Training der Beweglichkeit in Form von muskeldehnenden und gelenkmobilisierenden Übungen kann die erhofften, angestrebten und versprochenen Wirkungen zum Teil nicht und teilweise nur in Verbindung mit anderen Trainingsarten erfüllen. Eine Einordnung in den Zusammenhang des gesamten Trainingsprozesses erscheint daher notwendig, insbesondere im Hinblick auf die Wechselwirkungen mit den anderen Trainingsinhalten.

Beweglich machende Übungen haben keineswegs grundsätzlich einen positiven Einfluss auf die Kraft-, Schnelligkeits- und Ausdauerleistungen sowie die technischen Ausführungen von Bewegungsabläufen. Das Training der Beweglichkeit ist nicht in erster Linie eine Regenerationsmaßnahme, sondern eine spezifische Belastungsform mit entsprechenden Anpassungen des motorischen und des biologischen Systems. Unterschiedliche Zielsetzungen des Beweglichkeitstrainings setzen Variationen hinsichtlich einzusetzender Inhalte, Methoden und Belastungsnormative voraus. Ein Ziel dieses Buches ist es, diese Wechselwirkungen deutlicher zu machen und die generalisierenden Erwartungen an ein Training der Beweglichkeit auf der Grundlage des derzeitigen trainingswissenschaftlichen Erkenntnisstandes einzuordnen. Mit diesem Anliegen wendet sich das Buch an Studierende im Fach Sport, an Sportler, Trainer, Übungsleiter und Sportlehrer.

◀ Eine überdurchschnittliche Beweglichkeit ist eine unverzichtbare Leistungsvoraussetzung im Kunst- und Turmspringen

Motorische Leistungsfähigkeit und Training

Aspekte der motorischen Leistungsfähigkeit

Das Phänomen der Beweglichkeit bildet im Sport eine von mehreren Faktoren, die in ihrer Gesamtheit die komplexe sportliche Leistung ausmachen. Dabei lassen sich Eigenschaften und Fähigkeiten von Personen einerseits und apersonale Aspekte andererseits unterscheiden.

Die personenbezogenen Anteile umfassen die motorische Leistungsfähigkeit im engeren Sinne mit den drei Teilbereichen der **konditionellen Eigenschaften**, der **koordinativ-technischen Voraussetzungen** sowie der **taktischen Fähigkeiten**. Weiterhin bilden die psychischen Handlungsgrundlagen zentrale leistungsbestimmende Anteile. Personale Leistungsfaktoren, die die sportmotorische Leistung zwar nicht unmittelbar bestimmen, aber unabdingbare Voraussetzungen – vor allem im Grenzbereich menschlicher Leistungsfähigkeit – darstellen, sind gesundheitliche und konstitutionelle Gegebenheiten sowie das sportliche Talent.

Als apersonale Leistungsfaktoren sind in erster Linie die äußeren Bedingungen zu sehen, wie sie durch Trainingsmöglichkeiten, familiäres Umfeld oder materielle Voraussetzungen gegeben sind.

Diese knappe Darstellung deutet bereits auf zwei wesentliche Aspekte der komplexen sportmotorischen Leistungsfähigkeit hin: Auf der einen Seite muss eine Vielzahl von Voraussetzungen und Bedingungen zusammenwirken, um hohe sportliche Leistungen zu ermöglichen. Auf der anderen Seite bestehen durch die Abhängigkeiten und Wechselwirkungen innerhalb dieses Gefüges durchaus Kompensationsmöglichkeiten. Mangelnde konstitutionelle Voraussetzungen können etwa durch überdurchschnittliche psychische Eigenschaften und motorische Fähigkeiten in Teilen aufgewogen werden, schlechte materielle Bedingungen hingegen erhalten durch eine optimale familiäre Unterstützung und beste gesundheitlich-konstitutionelle Gegebenheiten einen geringeren Stellenwert.

Dementsprechend werden sportliche Leistungen durch individuelle Kombinationen dieser Leistungsfaktoren erzielt und eine Beeinflussung der Leistungsfähigkeit im Sinne der Leistungssteigerung bietet immer eine Vielzahl möglicher Ansatzpunkte. Einen zusammenfassenden Überblick zu den angesprochenen Komponenten der motorischen Leistungsfähigkeit gibt die gegenüberliegende Tabelle 1.

Kondition

Unter dem Begriff der Kondition werden die motorischen Eigenschaften Kraft, Ausdauer, Schnelligkeit und Beweglichkeit zusammengefasst. Als eine wesentliche Komponente der motorischen Leistungsfähigkeit kann die Kondition als »gewichtete Summe der körperlichen Fähigkeiten« und damit als Ausdruck des

Komplexe sportmotorische Leistungsfähigkeit	
Personale Faktoren	**Rahmenbedingungen**
Kondition Kraft / Beweglichkeit / Schnelligkeit / Ausdauer	**Familiäre Unterstützung**
Technik koordinative Fähigkeiten / sportartspezifische Fertigkeiten	**Trainer und Betreuer**
Taktik Individuelle Strategie / Gruppen- / Mannschaftstaktik	**Soziale Akzeptanz**
Psyche Motivation / Emotion / Willenskraft	**Berufliche Situation**
Körperliche Gegebenheiten Gesundheit / »Talent« / Konstitution	**Materielle Bedingungen**

Tabelle 1
Komponenten der
sportmotorischen
Leistungsfähigkeit

Trainingszustandes beschrieben werden (GROSSER/STARISCHKA 1998, 7). Dieser
Einteilung liegt die Auffassung zugrunde, unter den konditionellen Fähigkeiten
primär die durch energetische Faktoren bestimmbaren Leistungsbereiche zusam-
menzufassen.

In der Trainingslehre wird diese Gliederung zunehmend von einer Sichtweise ergänzt, die alle motorischen Eigenschaften – jedoch in unterschiedlichem Maße –
auch von koordinativen Voraussetzungen bestimmt sieht. Namentlich die Schnelligkeit und die Maximal- und Schnellkraft scheinen dabei von technisch-koordi-
nativen Anteilen maßgeblich mit beeinflusst zu werden. Ausdauer und Kraftausdauer können hingegen als weitgehend durch energetische Potentiale begrenzte
Leistungsbereiche eingestuft werden.

Technik

Der Bereich Technik wird in die **koordinativen Fähigkeiten** und die **sportartspezifischen Fertigkeiten** unterteilt. Die koordinativen Fähigkeiten gelten dabei als
stärker generalisierbare Voraussetzugen, die in nahezu allen Sportarten von Be-

11

deutung sind. In Anlehnung an Blume (1978) werden sieben koordinative Fähigkeiten unterschieden:

- Differenzierungsfähigkeit,
- Kopplungsfähigkeit,
- Umstellungsfähigkeit,
- Reaktionsfähigkeit,
- Orientierungsfähigkeit,
- Gleichgewichtsfähigkeit und
- Rhythmisierungsfähigkeit.

Koordinative Fähigkeiten sind sowohl eigenständiger Lerninhalt (z.B. als allgemeine Gleichgewichtsschulung in der Grundausbildung) als auch Ergänzung des speziellen Techniktrainings. Demgegenüber beinhaltet der Bereich der sportartspezifischen Fertigkeiten die jeweiligen Techniken einer Disziplin, z.B. bestimmte Grifftechniken im Ringen, Schlagtechniken im Tennis oder den Hürdenschritt. Sportartspezifische Techniken sind somit Ergebnis oft langwieriger spezifischer Lernprozesse. Ein sog. **Technikleitbild** ist ein auf der Grundlage wissenschaftlicher Erkenntnisse und trainingspraktischer Erfahrungen erstelltes (theoretisches) optimales Lösungsverfahren einer sportlichen Bewegungsaufgabe. Die jeweils konkrete Ausprägung einer Technik bei einem Sportler wird hingegen als **Zieltechnik** bezeichnet. Sie beschreibt die optimale, an den individuellen Eigenschaften und Fähigkeiten angepasste Form des Technikleitbildes (Nitsch/Neumaier 1997, 41).

Taktik

Als Taktik im Sport wird die Ausrichtung sowohl individuellen als auch kollektiven Handelns am Ziel der optimalen Ausnutzung der gegebenen (vor allem personalen) Leistungskomponenten zur Erzielung maximaler Leistungen verstanden. Sie umfasst neben der häufig am Leistungspotential des Gegners ausgerichteten kurz- und mittelfristigen Spiel- und Handlungsstrategie auch den optimalen Einsatz individuell verfügbarer Ressourcen (z.B. Langstreckenlauf mit hohem mittlerem Tempo anstelle eines langen Endspurts). Hiermit wird der Bereich der Wettkampftaktik im engeren Sinne umschrieben. Inhaltlich wird zwischen Angriffs- und Abwehrtaktik einerseits sowie Individual-, Gruppen- und Mannschaftstaktik andererseits differenziert.

Psyche

Die psychischen Eigenschaften und Fähigkeiten eines Sportlers entscheiden in Wettkampfsituationen häufig über den Anteil konditionellen und koordinativ-technischen Potentials, das der Einzelne in der Lage ist auszuschöpfen. Ein hohes konditionelles, technisches und taktisches Leistungsniveau kommt somit häufig nur unter der Bedingung optimaler psychischer Bereitschaft und Stabilität zum Tragen. Im Sport gelten dabei eine hohe Willenskraft und Motivation sowie emotionale Faktoren als hervorzuhebende psychische Qualitäten. Die Unterstützung von

Wiederherstellungsprozessen durch **autogenes Training** oder die Optimierung motorischer Lernprozesse durch Formen des **mentalen Trainings** sind die vorrangigen Anwendungsgebiete psychologischer Trainingsverfahren im Sport.

Körperliche Gegebenheiten

Den hier unter dem Begriff der körperlichen Gegebenheiten zusammengefassten Bereichen Gesundheit, Konstitution und Talent kommt vor allem im Hochleistungssport und somit im Grenzbereich körperlicher Leistungsfähigkeit eine zunehmende Bedeutung zu. Der Fußballspieler, dem aufgrund häufiger Verletzungen und Überlastungssyndrome eine glänzende Karriere versagt bleibt, oder die hochtalentierte Turnerin, die aufgrund zu starken Längenwachstums in der Pubertät leistungssportliche Ambitionen aufgibt, sind nur zwei anschauliche Beispiele für die leistungsbegrenzenden Auswirkungen ungünstiger körperlicher Gegebenheiten.

Äußere Bedingungen

Häufig werden im Bereich des Sports hohe und höchste Leistungen trotz augenscheinlich schlechterer Leistungsvoraussetzungen erbracht. Bei genauer Betrachtung zeigt sich dann zumeist, dass Faktoren, die die Leistung nicht unmittelbar bestimmen, in diesen Fällen eine dominierende Rolle im Gesamtgefüge der Leistungsentwicklung übernommen haben. So kann ein hohes Engagement der Eltern zum Beispiel durch tägliche Fahrten zum weit entfernten Verein mit guten Trainingsbedingungen eine sportliche Karriere oder erste Erfolge anbahnen, die im näheren Umfeld unmöglich gewesen wären. In vielen Amateursportarten sind zudem flexible und an Trainingsaufwand und Hauptwettkämpfen orientierte Ausbildungs- und Arbeitszeiten eine Gewähr für eine optimale Leistungsentwicklung. Die äußeren Gegebenheiten beeinflussen die Möglichkeiten des Einzelnen, seine individuellen Fähigkeiten optimal zu entfalten, in erheblichem Maße. Gute Rahmenbedingungen allein garantieren zwar keine außergewöhnlichen Leistungen, die Chancen jedoch, ohne sie solche zu erbringen, sind sehr gering.

Terminologie des sportlichen Trainings

Die folgende Zusammenstellung zentraler trainingswissenschaftlicher Begriffe kann nicht beanspruchen, an eine in der Trainingslehre allgemein anerkannte Terminologie anzuknüpfen. Trotz einer langen Tradition terminologischer Diskussionen hat die Trainingslehre bislang zu keiner verbindlichen Verwendung ihrer zentralen Begriffe gefunden. Die hier vorgeschlagenen Begriffsbestimmungen orientieren sich an unterschiedlichen vorliegenden Definitionsvorschlägen. Sie dienen in erster Linie einem besseren Verständnis der weiteren Inhalte dieses Buches und dem Einstieg in die allgemeine Thematik des sportlichen Trainings sowie der Entwicklung motorischer Leistungen. Eine Auswahl erfolgte im Hinblick auf die weitere Verwendung der Begriffe im Zusammenhang mit den Fragen des Beweglichkeitstraining.

Sportliches Training bezeichnet alle Maßnahmen innerhalb eines langfristigen systematischen Prozesses mit dem Ziel der Steigerung, Optimierung, Erhaltung, Wiedererlangung und Stabilisierung sowie der planmäßigen Reduzierung der allgemeinen und sportartspezifischen motorischen Leistungsfähigkeit.

Training im Sport geht über den engen Prozess der körperlichen und sportlichen Betätigung hinaus. Erst die Planung, Organisation und Steuerung konkret zu realisierender Belastungen erlaubt eine Abstimmung von angestrebten Trainingszielen und eingesetzten Trainingsmethoden und -inhalten. Dass neben der Steigerung der Leistung auch die Stabilisierung, Erhaltung, Wiedererlangung und planmäßige Reduzierung von Bedeutung sein können, ist insbesondere im rehabilitativen Training (Wiedererlangung und Stabilisierung), dem Training im Altersport (Erhaltung) und nach Beendigung eines Hochleistungstrainings (Reduktion) evident.

Im **Trainingsziel** spiegeln sich langfristige übergeordnete Orientierungen und Motive für das Sporttreiben (z. B. Höchstleistungen, Olympiateilnahme oder Gesundheit) ebenso wieder wie die eher mittelfristige Ansteuerung konkreter Veränderungen einzelner Leistungskomponenten (z. B. Verbesserung der Speerwurftechnik), als auch Feinstziele, die unmittelbar an der Übertragung in konkrete Trainingsinhalte ausgerichtet sind wie z. B. die Entwicklung der Kraftausdauer. Diese Zielebenen sind hierarchisch aufzufassen, d. h. Motive legen den Rahmen für anzustrebende Teilziele fest und aus diesen wiederum leiten sich Feinstziele im Hinblick auf die Inhalte, Methoden und Trainingsmittel ab. Jedoch erst in Verbindung mit systematischen Maßnahmen zur Trainingskontrolle im Rahmen der komplexen Trainingssteuerung (vgl. auch Kapitel 5) trägt eine Festlegung von konkreten Zielen des Trainings zur Systematisierung des gesamten Trainingsprozesses bei. Ziele, deren nachfolgende Erreichung nicht überprüft werden, haben lediglich den Stellenwert von Absichtserklärungen, ohne Einflussnahme auf den mittel- und langfristigen Trainingsablauf.

Als **Trainingsbelastung** wird die Summe aller absolvierten Einzelreize (in einer Trainingseinheit) verstanden. Dabei wird zwischen der objektiven Belastung, die sich aus der Kombination der Belastungskomponenten (s. u.) ergibt und der Beanspruchung als individueller Reaktion auf die objektive Belastung differenziert. Die Belastung ist somit ein quantitatives Maß für geleistete Trainingsarbeit, während die Beanspruchung die jeweiligen Leistungsvoraussetzungen einer Person mit berücksichtigt. Gleiche Trainingsbelastungen führen bei verschiedenen Sportlern unter Umständen zu völlig unterschiedlichen Beanspruchungen.

Belastungskomponenten (synonym: Belastungsmerkmale oder Belastungsnormative) sind die maßgeblichen Aspekte für eine Planung, Festlegung und Kontrolle der Trainingsbelastungen. Es werden die Intensität, der Umfang, die Dichte sowie die Dauer der Belastungen und die Trainingshäufigkeit als Komponenten der Belastung beschrieben. Die Veränderung einer dieser Merkmale beeinflusst zugleich alle anderen (eine höhere Belastungsdichte führt zum Beispiel zu einer geringeren Intensität). Die jeweilige Kombination aller Belastungskomponenten sichert das individuelle Verhältnis von Beanspruchung, Erholung und Adaption.

Die **Belastungsintensität** (synonym wird auch der Begriff Trainingsintensität verwendet) beschreibt die Stärke eines Reizes in Verbindung mit der Art der Übungsausführung. Intensitäten einer Trainingsübung werden über Lastgrößen, Zeiten und Geschwindigkeiten in Prozent der Bestleistung und/oder physiologischen Parametern wie Herzfrequenz und Blutlaktatkonzentration bestimmt. Die Intensitätsstufen werden qualitativ mit Hilfe von Rangskalen für die verschiedenen Arten des Konditionstrainings angegeben. Tabelle 2 zeigt die Rangskala für die Belastungsintensitäten in Anlehnung an GROSSER/STARISCHKA (1998, 14).

Tabelle 2

Belastungsintensitäten im Konditionstraining

	Kraft-training Prozent der eingesetzten Maximalkraft	Schnellkraft-training Prozent des maximalen Impulses	Schnelligkeits-training Prozent der maximalen Bewegungsschnelligkeit	Ausdauer-training Prozent der maximalen Sauerstoffaufnahme
maximal	100–90	100–90	100–95	100–85 (> 180 Hf*)
submaximal	90–80	unter 90	95–85	85–75 (180–165 Hf)
mittel	80–70	–	–	75–60 (165–150 Hf)
leicht	70–50	–	–	60–50 (150–140 Hf)
gering	50–30	–	–	50–30 (140–130 Hf)

* Hf = Herzfrequenz (Werte Erwachsener)

Der **Belastungsumfang** beschreibt die Gesamtmenge aller bewältigten Strecken (in Kilometer und Meter), bewegten Lasten (in Kilogramm) sowie die Serienanzahl und Übungswiederholungen innerhalb einer Trainingseinheit. Zur Verdeutlichung der Belastungsgestaltung über längere Trainingsetappen hinweg werden in einigen Fällen auch Belastungsumfänge für Mikrozyklen (7–10 Tage) und Mesozyklen (4–6 Wochen) angegeben.

Die **Belastungsdichte** beschreibt die zeitliche Folge der Einzelbelastungen. Pausenlängen werden durch die Dichte der Reize bestimmt und regulieren so das Verhältnis von Belastung und Erholung. Über die Dichte der Belastungen wird dabei sowohl der Wechsel von Belastung und Erholung zwischen den einzelnen Übungsserien/-wiederholungen innerhalb einer Trainingseinheit als auch die Länge der Erholungszeiträume zwischen aufeinander folgenden Trainingseinheiten gesteuert. Es werden dabei vollständige Pausen mit dem Ziel einer kompletten Erholung vor dem nächsten Belastungsreiz von unvollständigen Pausen mit Ermüdungsrest (z. B. als »lohnende Pause« im Intervalltraining) unterschieden.

Die **Belastungsdauer** beschreibt die gesamte Zeitspanne, über die hinweg Reize eingesetzt werden. Sie wird in der Regel durch Zeitangaben erfasst und bestimmt in Verbindung mit der gewählten Intensität und Dichte der Belastungsreize die angestrebte Trainingswirkung. Die Gesamtdauer nimmt dabei auf einem gegebenen Leistungsniveau mit der wachsenden Intensität und Dichte der Reize ab. Das be-

15

deutet, dass intensivere Belastungen nur über kürzere Zeiträume aufrechterhalten werden können.

Trainingshäufigkeit ist die Anzahl der Trainingseinheiten in einer Woche oder innerhalb eines Mikrozyklus (7–10 Tage). Im Nachwuchsbereich wird die Trainingshäufigkeit zumeist über eine Woche erfasst, während im Hochleistungstraining in der Regel die Anzahl der Einheiten im Mikrozyklus angegeben wird.

Adaptation (Anpassung) beschreibt die Art und das Ausmaß funktioneller und morphologischer Veränderungen als Folge spezifischer Belastungskonstellationen. In der Trainingspraxis wird zumeist eine Veränderung der komplexen sportlichen Leistung oder einer Teilleistung als Indikator für Trainingsanpassungen herangezogen. Im Rahmen wissenschaftlicher Trainingsuntersuchungen werden diese allgemeinen Veränderungen durch die Beschreibung und Erklärung der Zusammenhänge von absolvierter Belastung und sich individuell ergebender Leistungsänderung präzisiert. Dazu werden komplexe biochemische, medizinische, biomechanische und sportmotorische Testverfahren angewendet.

Die Fähigkeit des Menschen bzw. seiner Organsysteme, sich an spezifische Belastungen zu adaptieren, wird als Trainierbarkeit bezeichnet (STARISCHKA 1992, 70). Die **Trainierbarkeit** verändert sich mit dem Alter. In bestimmten Altersbereichen bestehen besonders günstige Bedingungen für spezielle Trainingsreize, so beispielsweise für Inhalte aus dem Schnelligkeits- und Koordinationsbereich im Kindesalter oder aber für die motorische Kraft im Jugend- und frühen Erwachsenenalter. Grundsätzlich ist jedoch davon auszugehen, dass die Fähigkeit zur Adaptation (synonym: Adaptabilität) auch im fortgeschrittenen Alter nicht verloren geht (ISRAEL et al. 1982, 91). Jeder Altersbereich besitzt eine spezifische Anpassungsfähigkeit. Zudem wirken sich Trainingsbelastungen individuell unterschiedlich aus. Der Mechanismus der Anpassung behält jedoch grundsätzlich auf allen Leistungsniveaus und Altersstufen seine Gültigkeit.

Unter **Trainingssteuerung** wird die Koordinierung aller Maßnahmen des Trainings im Hinblick auf die angestrebten kurz-, mittel- und langfristigen Ziele des Trainings verstanden. Planung und Durchführung des Trainings sowie die Kontrolle des Leistungszustandes in Training und Wettkampf bilden die integralen Bestandteile der Trainingssteuerung. Alle Maßnahmen zielen dabei in ihrer Gesamtheit und ihrem spezifischen Zusammenwirken auf das Erreichen maximaler Leistungen und sportlicher Erfolge.

Die **Trainingsplanung** dient der Erstellung eines Programms zukünftig zu realisierender Trainingsmaßnahmen (MARTIN et al. 1993, 260). Sie ist eine Komponente der komplexen Steuerung des Trainings. Je nach Zielgruppe werden Rahmenpläne als allgemeine Trainingsprogramme einer Sportart oder Disziplin, Gruppenpläne und individuelle Trainingspläne unterschieden. Bezogen auf den berücksichtigten Planungszeitraum wird nach Mehrjahres-, Jahres- und Wochentrainingsplänen differenziert.

Eine **Trainingsmethode** bezeichnet ein planmäßiges Verfahren der Trainingsgestaltung zur Ansteuerung des angestrebten Trainingsziels. Die Methode soll Inhalte, Mittel und Belastungskomponenten zielgerichtet verknüpfen. Grundlegende methodische Konzepte liegen zum Beispiel in Form von Wiederholungs-, Intervall-, Dauer- und Wettkampfmethoden für den Bereich des Ausdauertrainings und als Ganzheits- und Teillernmethode für die koordinativ-technische Ausbildung vor. Sportartübergreifende Methodenkonzepte zum Taktiktraining sind demgegenüber bislang nicht ausgearbeitet.

Ein **Trainingsinhalt** ist die jeweils im Training ausgeführte Handlung oder Tätigkeit zur Ansteuerung des gesetzten Trainingsziels. Im Anschluss an HARRE (1986) wird für den Bereich des Wettkampfsports eine Unterteilung in drei Inhaltsbereiche vorgenommen:

● **Allgemeine Übungen** dienen dem vielseitigen und grundlegenden konditionellen, koordinativen und taktischen Aufbau sportartübergreifender motorischer Leistungsvoraussetzungen. Diese bilden dann die Grundlage des systematischen Leistungsaufbaus in einer Spezialsportart.
● **Spezialübungen** zielen auf die Ausbildung sportartspezifischer konditioneller, koordinativ-technischer sowie taktischer Teileelemente der Wettkampfdisziplin. Grundlage der Auswahl von Spezialübungen ist somit die Bewegungsstruktur der jeweiligen Disziplin, wobei durch Variation der Belastungskomponenten (Dauer, Intensität, Dichte und Umfang) eine gezielte Beeinflussung einzelner Aspekte im Hinblick auf die Anforderungen im Wettkampf angestrebt wird.
● **Wettkampfübungen** bewirken eine komplexe Entwicklung der sportartspezifischen Leistungsfähigkeit. Hierbei werden konditionelle Anforderungen, technischer Ablauf und taktische Fähigkeiten akzentuiert angesprochen, ohne sich jedoch inhaltlich – wie bei den anderen Bereichen – von der Wettkampfdisziplin zu unterscheiden (z. B. Handballspiel unter der Maßgabe einer möglichst häufigen Anwendung des Tempogegenzugs).

Die **Trainingsart** bestimmt die vorrangige Ausrichtung der Trainingsinhalte auf einen Aspekt der sportmotorischen Leistungsfähigkeit. Im Bereich der Kondition wird demnach zwischen Kraft-, Ausdauer-, Schnelligkeits- und Beweglichkeitstraining unterschieden. Individual- und gruppentaktisches Training sind Beispiele für Arten des Taktiktrainings. Das Imitationstraining ist eine mögliche Art des Techniktrainings.

Eine **Trainingsform** ergibt sich aus der Verknüpfung eines Inhaltes (z. B. Sprungläufe) mit einer spezifischen Belastungsdosierung (z. B. geringe Belastungsdichte bei maximaler Intensität). Die Trainingsform stellt somit die Umsetzung von Inhalt und Methode in konkrete Anforderungen dar.

Trainingsstufen bezeichnen die zeitliche und strukturelle Gliederung des langfristigen Trainingsaufbaus vom Anfänger bis zum Hochleistungssportler und vom Kindesalter bis zum Hochleistungsalter. Es werden die Stufen

- allgemeine sportmotorische Grundausbildung,
- Grundlagentraining,
- Aufbautraining,
- Anschlusstraining und
- Hochleistungstraining

unterschieden. Der Gesamtprozess der Entwicklung sportlicher Höchstleistungen umfasst je nach Sportart und Disziplin Zeitspannen von 10–15 Jahren. Die Dauer der einzelnen Stufen ist dabei nicht exakt festzulegen. Sie wird u. a. vom Alter bei Trainingsbeginn und dem Anforderungsprofil der Sportarten bestimmt. Das Höchstleistungsalter in den technisch-kompositorischen Sportarten (Eiskunstlauf, rhythmische Sportgymnastik etc.) liegt oft schon vor dem 20. Lebensjahr, während in den Sportspielen oder der Leichtathletik Spitzenleistungen auch am Ende des 3. bis zum 4. Lebensjahrzehnt erbracht werden. Die zeitliche Länge der einzelnen Trainingsstufen kann sich daher in den verschiedenen Sportarten sehr unterschiedlich darstellen. Ein allgemeines Schema des langfristigen Trainingsaufbaus anhand der Stufen zeigt Abbildung 1.

Abb. 1
Stufen des langfristigen Trainingsaufbaus

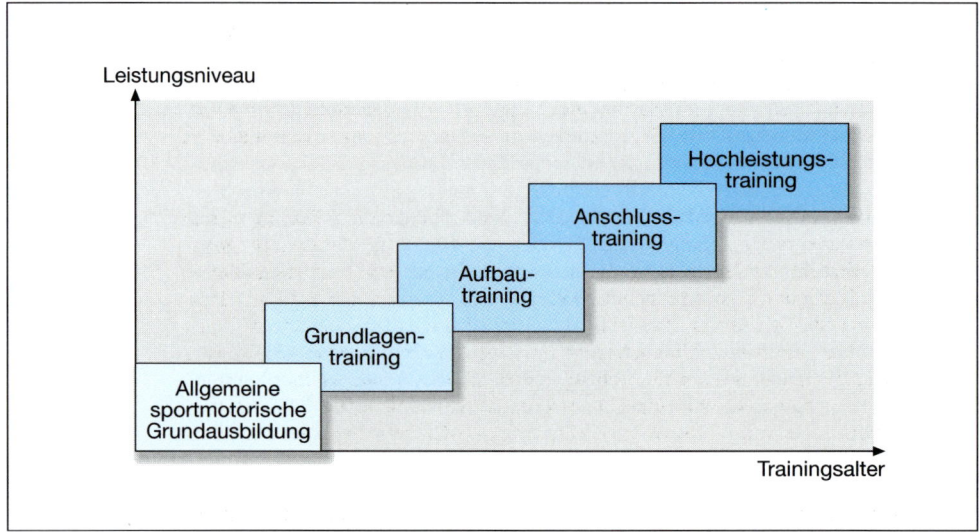

Ein **Trainingszyklus** umfasst einen zeitlichen Planungsabschnitt unterschiedlicher Dauer. Die Zyklizität ergibt sich dabei aus der wiederkehrenden Folge von in Zielsetzung (z. B. allgemeine konditionelle Vorbereitung) und Aufgabenschwerpunkt aufeinander aufbauenden Phasen des Trainings. Lange Mehrjahres- und Jahreszyklen bestimmen die planmäßige Ansteuerung perspektivischer Ziele (z. B. Teilnahme an den Olympischen Spielen oder Vorbereitung auf einen Saisonhöhepunkt). Die Planung von Makro- und Mikrozyklen erstreckt sich über inhaltliche Blöcke von mehreren Wochen bis zu Monaten. Der kleinste zu planende Abschnitt ist die Trainingseinheit.

Die **Trainingseinheit** (TE) wird zeitlich, organisatorisch und inhaltlich als funktionales Ganzes geplant und durchgeführt. Zeitlich kann eine TE je nach Sportart und inhaltlichem Schwerpunkt von 45 Minuten bis über 3 Stunden variieren. Die organisatorische Anforderung liegt in der Berücksichtigung der räumlichen und materiellen Bedingungen sowie der Planung konkreter Organisationsformen (z. B. Gruppen- oder Individualtraining). Inhaltlich muss zum einen ein sinnvoller Belastungsaufbau erfolgen (in der Regel mit Aufwärmen/ einleitendem Teil, Hauptteil und Abwärmen/Ausklang) und zum anderen die Zielsetzung im Gefüge des Trainingszyklus (z. B. Vorbereitungsperiode oder unmittelbare Wettkampfvorbereitung) berücksichtigt werden.

Trainingskontrolle ist im Leistungstraining eine notwendige Maßnahme zur Objektivierung geleisteter Trainingsarbeit und sich ergebender Leistungsveränderungen. Sie bildet einen Aspekt der komplexen Trainingssteuerung (vgl. auch Kapitel 5). Die Kontrolle durch spezifische Leistungstests erlaubt eine objektive Bewertung der eingesetzten Mittel und Inhalte im Hinblick auf ihre spezifische Wirksamkeit. Der Leistungszustand (Ist-Wert) wird mit Hilfe sportmotorischer, biomechanischer, sportmedizinischer (physiologischer und biochemischer) Verfahren erfasst und mit den prognostizierten und angestrebten Leistungen (Soll-Wert) verglichen, um gegebenenfalls Korrekturen im Trainingsprozess vornehmen zu können.

Trainingsdokumentation als Erfassung und Protokollierung der Trainings- und Wettkampfleistungen zu festgelegten Zeitpunkten sowie der Umstände, unter denen sie erbracht wurden (z. B. schlechte Wetterbedingungen oder gesundheitliche Beeinträchtigung), ist eine zentrale Voraussetzung einer erfolgreichen Trainingsplanung und -steuerung. Im Trainingsalltag wird die Dokumentation in den meisten Fällen über sog. Trainingsbücher oder -protokolle mit unterschiedlichen Graden von Exaktheit und Ausführlichkeit durchgeführt. Demgegenüber kommen im (Hoch-) Leistungssport zunehmend wissenschaftlich begleitete »EDV-gestützte Dokumentationen« und Auswertungen von Trainingsdaten zur Anwendung (STARISCHKA et al. 1993).

Das **Trainingsalter** ist die Gesamtdauer der systematischen Trainingsaktivität seit der Aufnahme eines sportlichen Trainings in Jahren.

Prinzipien des sportlichen Trainings

Eine sinnvolle Planung und Organisation des Trainings setzt die Kenntnis grundlegender und übergeordneter Prinzipien voraus. In diesem Sinne geben die folgenden Ausführungen zum sportlichen Training einen allgemeinen Überblick zu den Prinzipien des sportlichen Trainings. Übergeordnete Grundsätze, die in unterschiedlichen konkreten Situationen handlungsleitende Funktion übernehmen können, werden durch Prinzipien beschrieben. Im Sport haben Trainingsprinzipien die Funktion, in allen Handlungsfeldern des sportlichen Trainierens Richtschnur, Orientierung und Entscheidungshilfen zu liefern. Der Anspruch, sowohl im Hochleistungssport und Nachwuchstraining wie auch im Freizeit-, Breiten- und Gesundheitssport anwendbar zu sein, bedingt den hohen Grad ihrer Allgemeinheit. In der Trainingswissenschaft liegt bislang keine allgemein akzeptierte Grundlage für die Aufstellung und Auswahl von Trainingsprinzipien vor. Die hier getroffene Auswahl orientiert sich an folgenden Vorgaben:

- Die Prinzipien beziehen sich auf die **Planung und Gestaltung des Trainings** sowie die **Belastungssteuerung**.
- Alle Prinzipien sollen einen **weiten Geltungsbereich** hinsichtlich der Adressatengruppen (Leistungs-, Gesundheits-, Freizeitsportler) und den Aspekten der motorischen Leistungsfähigkeit abdecken. Es werden somit Prinzipien von hoher Allgemeingültigkeit besprochen. Diese sind durch spezielle Prinzipien und Regeln, zum Beispiel für das Techniktraining oder für einzelne Sportarten, zu ergänzen.

Prinzip der kontinuierlichen und ansteigenden Belastung

Ein einmaliges Training, gleich mit welcher Intensität es durchgeführt wird, zieht noch keine dauerhaften Anpassungen nach sich. Um eine wirksame und stabile Leistungssteigerung zu erlangen, ist ein Mindestmaß an Kontinuität erforderlich. Die Umstellung des Organismus auf eine erhöhte Aktivität und einen vermehrten Energiebedarf führt dann in der Folge zu Anpassungen an die gestellten Anforderungen. Dieser Prozess durchläuft mehrere Stufen, die in ihrer zeitlichen Dauer sehr unterschiedlich sind. NEUMANN (1993) hat am Beispiel des Ausdauertrainings die Phasen und zeitlichen Dimensionen spezifischer Belastungsadaptationen dargestellt, die hier im Folgenden kurz zusammengefasst werden.

Jede körperliche Anstrengung führt zu Veränderungen des inneren Milieus. Die Herzfrequenz und der Blutdruck steigen an, die Durchblutung der Arbeitsmuskulatur wird gesteigert und der Energieumsatz nimmt zu. Diese zumeist unmittelbar durch Belastungen ausgelösten Reaktionen führen durch Summation bei regelmäßiger körperlicher Belastung zu Umstellungen mit dem Ziel, zukünftige Belastungen besser zu tolerieren, d. h. gleiche Belastungen mit geringerem Aufwand bewältigen zu können oder aber höheren Beanspruchungen gewachsen zu sein. Neben der sofortigen, kurzfristigen Umstellung der Körperfunktionen reagiert der Organismus in vier abgrenzbaren Stufen oder Schritten auf häufigere überschwellige Belastungsanforderungen:

Erste Stufe: Veränderung des motorischen Steuerprogramms (Dauer: 7–10 Tage)

Auf dieser Stufe setzt eine frühzeitige Veränderung koordinativer Prozesse ein. Bereits nach wenigen Übungs- und Trainingsdurchgängen können Bewegungsabläufe besser koordiniert, d. h. flüssiger und mit geringerem Energieaufwand ausgeführt werden. Die zur Verfügung stehenden energetischen Ressourcen werden zielgerichteter und präziser eingesetzt, unnötige Überflussmotorik eingeschränkt.

Zweite Stufe: Vergrößerung der Energiespeicher (10.–20. Tag)

Für die Bewältigung anhaltender hoher energetischer Anforderungen reicht eine Umstellung des Bewegungsprogramms allein nicht mehr aus. Engpässe in der Energieversorgung des Muskels werden durch Vergrößerung der Energiespeicher und Vermehrung des Proteinumsatzes kompensiert. Der zentrale Reiz für die Erweiterung der Energiedepots ist ein **Glykogenmangel** in der Muskulatur zum Zeitpunkt der erneuten Belastung. Erst bei Belastung unter noch vorliegender Restermüdung wird somit die stärkere Proteinneubildung aktiviert. Diese bildet die Grundlage einer erhöhten muskulären Leistungsfähigkeit. Als untere zeitliche Grenze für die Auslösung solcher Erweiterungen des energetischen Potentials sind 2–3 Wochen anzunehmen.

Dritte Stufe: Optimierung geregelter Systeme und Strukturen (20.–30. Tag)

Eine erste Erhöhung des energetischen Potentials erfordert im weiter fortschreitenden Trainingsprozess eine Anpassung der koordinativen Ansteuerung der Muskulatur an die erweiterten Kapazitäten. Diese **Funktionsoptimierung** wird zeitlich in der 3.–4. Trainingswoche angesiedelt und erfordert eine zeitweilige Belastungsreduktion. Die mangelnde Abstimmung bewegungssteuernder und energieliefernder Prozesse hat einen labilen Trainingszustand zur Folge. Erst die Abstimmung beider Prozesse führt zu einer Steigerung des Leistungsvermögens etwa ab der 4. Trainingswoche und bietet die Möglichkeit einer erneuten Belastungssteigerung im folgenden Mikrozyklus.

Vierte Stufe: Koordinierung der Hierarchie der Systeme (30.–40. Tag)

Auf der letzten Stufe der Adaptation erfolgt die **Abstimmung zentraler Steuerhierarchien** mit dem erhöhten Funktionszustand der Muskulatur. Die hormonelle Interaktion zwischen Blutbahn und Zentralnervensystem (sog. neuroendokrine Regelkreise) sowie vegetatives (autonomes) Nerven- und Immunsystem werden mit der erweiterten muskulären Leistungsfähigkeit verknüpft. Diese Koordinierung aller an der Bewegung beteiligten Systeme erfordert einen weiteren Anpassungszeitraum von etwa 2 Wochen. Die dargestellten aufeinander aufbauenden kurz- und mittelfristigen Umstellungs- und Anpassungsprozesse benötigen demnach eine Gesamtdauer von etwa 5–6 Wochen. Dabei sind die dargestellten Stufen nicht als zeitlich streng getrennte Einzelprozesse zu sehen, sondern es ist von Überlagerungen der Teilprozesse und gegenseitigen Beeinflussungen auszugehen.

Neben einer kontinuierlichen Durchführung des Trainings ist es erforderlich, die Belastungen an das sich verändernde Leistungsniveau anzupassen. Ein Trainingsreiz verliert mit der Dauer seiner Anwendung zunehmend an Wirksamkeit. Je

Abb. 2

Progressive Belastung und nichtlineare Leistungssteigerung (nach LETZELTER 1978, 53)

höher der individuelle Trainingszustand ist, umso deutlicher muss eine Belastungssteigerung ausfallen, um noch zu positiven Anpassungen zu führen. Diesen Zusammenhang einer zunehmenden Divergenz von Trainingsbelastung und resultierender Leistungserhöhung veranschaulicht Abbildung 2. Die Anpassung des Organismus verläuft nicht linear zur Belastung, sondern zeigt einen parabolischen Verlauf.

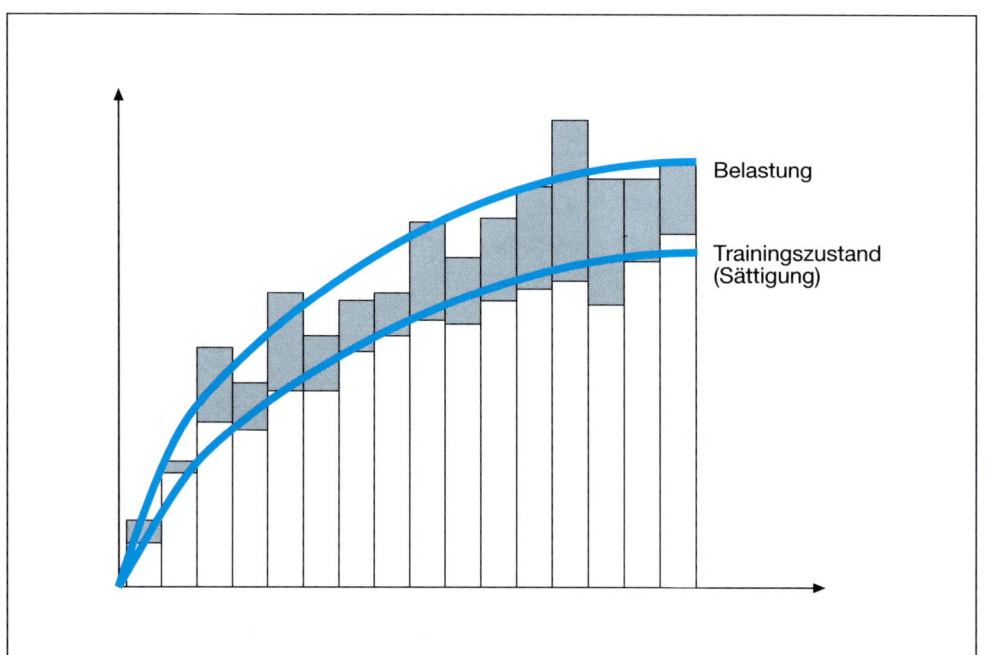

Prinzip der optimalen Relation von Belastung und Erholung

Belastungen führen zur reversiblen Herabsetzung der Leistungsfähigkeit (= Ermüdung). Um eine Belastung gleicher Höhe und ähnlicher Struktur erneut ausführen zu können, benötigt der Organismus Erholungsphasen, in denen die Leistungsfähigkeit wieder hergestellt werden kann. Die Anpassung an Belastungen weist eine Besonderheit auf, die eine Steigerung der Leistungsfähigkeit als Folge von systematischen Trainingsreizen erklärt. Auf der Grundlage der Vermehrung der wichtigsten energetischen Substrate der Muskeltätigkeit im Anschluss an ein systematisches Training formulierte JAKOWLEW (1972) das Prinzip der **Superkompensation**. Dieses Prinzip beschreibt den biologischen Prozess des Aufbaus biochemischer Substrate (Kreatinphosphat, Glykogen, Mitochondrienprotein) nach einem belastungsbedingten Abbau, jedoch über das ursprüngliche Ausgangsniveau hinaus. HARRE (1986) übernahm die von JAKOWLEW auf der Grundlage von Tierversuchen formulierte Gesetzmäßigkeit als fundamentales Prinzip einer Trainingslehre im Bereich des Sports (vgl. Abb. 3).

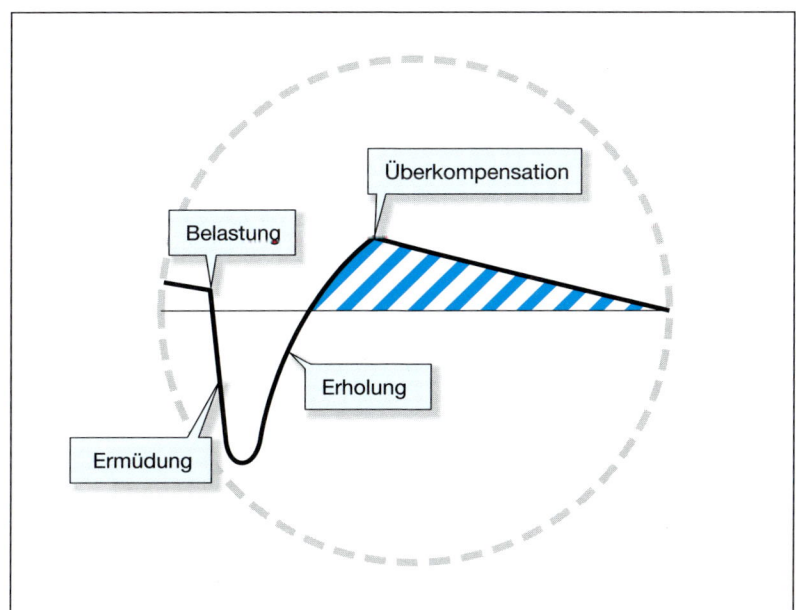

Abb. 3
Superkompensationsmodell nach JAKOWLEW (1972) und HARRE (1986)

In biologischen Systemen besteht das Ziel, ein Gleichgewicht zwischen den Anforderungen, die die Umwelt an das System stellt, und der Leistungsfähigkeit des Systems zu erhalten. Dies bedeutet, dass der Organismus fehlende Beanspruchungen (z. B. Bewegungsmangel) mit einem Abbau seines (im Hinblick auf die Anforderungen überschüssigen) Leistungspotentials beantwortet, im umgekehrten Fall jedoch (bei häufiger überschwelliger Beanspruchung) mit einer Erhöhung der Funktionskapazitäten reagiert. Das biologische Prinzip der Homöostase (– Fließgleichgewicht) und Superkompensation erklärt somit die Tatsache einer sich an den äußeren Belastungen ausrichtenden körperlichen Leistungsfähigkeit. Neben dem Mehrausgleich (Superkompensation) zeigt die schematische Darstellung des Prinzips jedoch auch, dass eine erhöhte Leistungsfähigkeit infolge eines Trainings wieder abgebaut wird, wenn eine erneute Belastung ausbleibt oder die Pause bis zur nächsten Trainingseinheit zu lang ist. Ebenso führen zu kurze Erholungsphasen – mit Belastungsreizen noch während der Phase der Ermüdungskompensation bei Untrainierten und, wenn sie über lange Zeiträume hinweg erfolgen, auch bei hochgradig trainierten Athleten – zur Reduktion der Leistungsfähigkeit (vgl. Abb. 4 und 5).

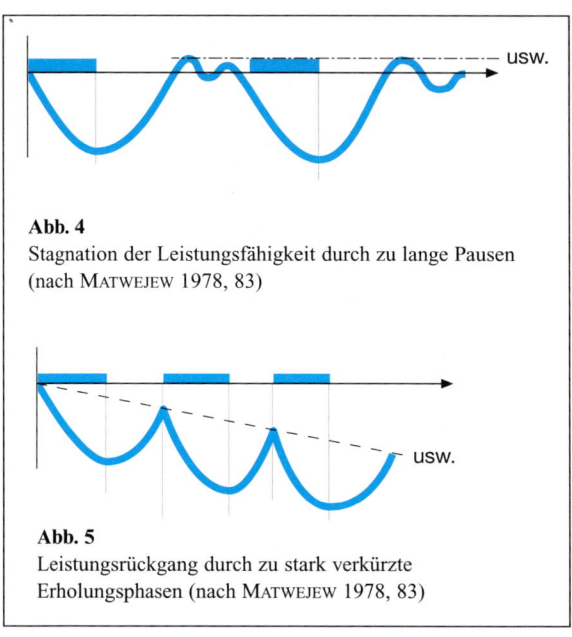

Abb. 4
Stagnation der Leistungsfähigkeit durch zu lange Pausen
(nach MATWEJEW 1978, 83)

Abb. 5
Leistungsrückgang durch zu stark verkürzte
Erholungsphasen (nach MATWEJEW 1978, 83)

Abbildung 5 zeigt neben dem beschriebenen negativen Aspekt der Leistungsreduktion durch Erholungsmangel jedoch auch ein Prinzip der Belastungsgestaltung, welches im Hochleistungsbereich zur Steigerung der Leistung Anwendung findet. Hierbei werden bewusst Phasen dekompensierter Belastungen eingeplant, um durch die Summation von Ermüdungsreaktionen mit anschließenden längeren Phasen stark reduzierter Belastung eine überschießende Reaktion mit einem Leistungssprung zu erzielen. Diese Vorgehensweise ist jedoch nur nach langjährigen hohen Trainingsbelastungen mit den entsprechenden Anpassungen eine sinnvolle Ergänzung der normalen Zyklisierung (siehe S. 27 ff.) der Belastungsgestaltung. Der offensichtliche Widerspruch zwischen der Abflachung der Leistungskurve auf höchstem Niveau (parabolischer Verlauf der Leistungskurve) und dem Prinzip der Superkompensation als Grundlage der Erklärung adaptiver Prozesse hat in neueren Arbeiten zur Kritik an der Allgemeingültigkeit des Superkompensationsmodells geführt. Auf die Auffassungen zur individuell begrenzten Fähigkeit zur Adaptation wird im folgenden Abschnitt eingegangen.

Prinzip der Individualisierung

Bei der Darstellung der Komponenten der motorischen Leistungsfähigkeit wurde bereits darauf hingewiesen, dass sich sportliche Leistungen aus einer Vielzahl von Einzelfaktoren sowie deren spezifischer Kombination ergeben. Sportliches Training ist nicht nur durch die Abfolge systematisch zusammengestellter Belastungsreize gekennzeichnet, sondern erhält durch die Reaktion jedes Einzelnen (dessen Beanspruchung) einen individuellen Charakter. Jede Belastung (z. B. 10 mal 100 Meter in 13,0 Sekunden laufen mit einer Trabpause von 100 Meter) führt zu höchst unterschiedlichen Auswirkungen, je nach Voraussetzungen, Fähigkeiten und momentanem Befinden dessen, der sie bewältigen muss. Die Ansteuerung eines Trainingsziels ist daher sowohl kurzfristig (Planung einer Trainingseinheit) als auch langfristig (Erzielen der individuellen Höchstleistung) trotz der dargestellten allgemeinen Grundlagen der Belastungsgestaltung zu einem großen Anteil individuell auszurichten.

Neben der individuellen Reaktion auf objektive Belastungen beinhaltet das Prinzip der Individualisierung einen zweiten Aspekt: den der individuell unterschiedlichen

24

Nicht zuletzt die gute Beweglichkeit ermöglicht schwierigste Paraden des Torhüters.

Fähigkeit zur Adaptation. Einer neueren trainingstheoretischen Auffassung folgend ist diese Fähigkeit des menschlichen Organismus begrenzt. Dieser durch genetische Faktoren bestimmte individuelle Rahmen wird als **Adaptationsreserve** bezeichnet (WERCHOSCHANSKI 1988, 42; MADER 1990, 55). Wenn man der Vorstellung folgt, wonach Anpassungen an Belastungen zwar dem Prinzip der Superkompensation unterliegen, in ihrer maximalen Ausprägung jedoch individuell begrenzt sind, stellt dies besondere Anforderungen an die Individualisierung des Trainingsprozesses. Maximale Leistungen sind demnach nicht durch eine ständige Erhöhung der Belastungen (und somit der Funktionskapazitäten), sondern allenfalls auf der Grundlage einer optimalen Kombination der Einzelkomponenten innerhalb der genetisch festgelegten Anpassungsmöglichkeiten zu erzielen. Die Individualisierung des Trainingsprozesses wird einerseits durch die momentan vorliegenden Voraussetzungen und dem perspektivisch Erreichbaren andererseits vorgegeben.

Prinzip der Alters- und Entwicklungsgemäßheit

Sportliches Training muss immer am Alter und am Entwicklungsstand der jeweiligen Adressatengruppe ausgerichtet sein. Nicht jeder Trainingsinhalt hat in jedem Alter auch den gewünschten Effekt, und viele Trainingsmittel, die sich im Erwachsenentraining bewährt haben, können bei Kindern oder auch im Alterssport zu gesundheitlichen Risiken und zur Leistungseinschränkung führen. Das Prinzip der Alters- und Entwicklungsgemäßheit wirkt sich jedoch in zweifacher Weise auf die Planung und Gestaltung des Trainings aus. Zum einen sollen gesundheitsge-

25

fährdende und nicht entwicklungsgemäße Belastungen ausgeschlossen werden, während zum anderen besondere Chancen und Möglichkeiten einzelner Altersstufen und Entwicklungsperioden im Training nutzbar gemacht werden können.

Vermeidung nicht alters- und entwicklungsgemäßer Belastungen

In erster Linie ist hierbei die Überlastung noch nicht ausgereifter Strukturen des kindlichen Bewegungsapparates angesprochen. Nach dem sog. **Mark-Jansen-Gesetz** verhält sich die Empfindlichkeit einer Gewebestruktur proportional zur Wachstumsgeschwindigkeit (BERTHOLD/THIERBACH 1981, 165). Insbesondere der passive Bewegungsapparat (Knochen, Knorpel, Sehnen und Bänder) ist in Phasen verstärkten Wachstums, also im Kindes- und Jugendalter, der Gefahr von Schädigungen durch falsche und/oder unphysiologische Belastungen (häufige hohe Zug-, Druck- und Scherbelastungen) ausgesetzt.

Weiterhin ist unter dem Aspekt der alters- und entwicklungsgemäßen Belastung die Vermeidung schnellkräftiger Bewegungen mit hohen Belastungsspitzen, unter Umständen verbunden mit raschen Richtungswechseln in den Sportspielen, als Gefahrenquelle für ältere Sportler zu nennen. Mit nachlassenden Wahrnehmungsfähigkeiten im Alter und abnehmenden Stabilisierungsmöglichkeiten der Gelenke durch die umgebende Muskulatur erhöht sich die Gefahr schwerer Verletzungen erheblich (FREIBERGER 1998, 89f.). Dabei kann es nicht um eine Verhinderung von Belastungen gehen, sondern um die an der Adressatengruppe orientierte Ausrichtung und Dosierung.

Nutzen besonderer Möglichkeiten in den unterschiedlichen Alters- und Entwicklungsabschnitten

Das Prinzip der Alters- und Entwicklungsgemäßheit beinhaltet auch die Forderung zur effektiven Nutzung besonderer Qualitäten und Voraussetzungen im motorischen Bereich in den verschiedenen Entwicklungsabschnitten und Altersbereichen. So ist bekannt, dass mit der raschen Reifung des zentralen Nervensystems im Kindesalter besondere Möglichkeiten für umfassende motorische Übungs- und Lernprozesse gegeben sind. Dieses umso mehr, als eine breite Grundlage im koordinativ-technischen Bereich als optimale Voraussetzung einer späteren Spezialisierung (s. u.) hin zu überdurchschnittlichen Leistungen in einer Spezialdisziplin zu sehen ist.

Im fortgeschrittenen Alter wird die gesundheitliche Bedeutung regelmäßiger Belastungen des Herz-Kreislauf-Systems von Seiten der Sportmedizin betont (ISRAEL 1998, 53), umso mehr, als die zugehörigen Trainingsinhalte (z. B. Schwimmen und Laufen) hinsichtlich der zuvor geschilderten gesundheitlichen Gefahren durch Belastungsspitzen günstige Betätigungsmöglichkeiten bilden.

Prinzip der Spezialisierung

Komplexe sportliche Leistungen bauen auf einer Vielzahl von Einzelkomponenten auf, die teilweise durch allgemeine Trainingsinhalte isoliert entwickelt werden können. Bei vielen Disziplinen besteht sogar eine Notwendigkeit zur Vorbereitung komplexer Bewegungsabläufe durch die vorherige Ausbildung konditioneller und koordinativer Voraussetzungen. Konkret angelegt ist das Prinzip der Spezialisierung im systematischen langfristigen Trainingsaufbau mit seinen Trainingsstufen. Eine hohe allgemeine sportartübergreifende motorische Kompetenz bildet danach die beste Voraussetzung für den Einstieg in ein sportartspezifisches Training, welches dann ebenfalls von der Vermittlung vielseitiger Inhalte (z. B. verschiedenste Formen des Laufens, Springens und Werfens als Grundlage eines systematischen Leichtathletiktrainings) ausgeht. Mit zunehmendem Trainingsalter und Leistungsniveau wird dann neben dem Umfang und der Intensität auch die Spezifik der Trainingsübungen immer mehr an der Struktur der Wettkampfübung ausgerichtet. Diese Notwendigkeit ergibt sich auch aus der bereits beschriebenen Verlangsamung der Leistungsentwicklung trotz zunehmender Belastung. Im Leistungstraining wird dieser Aspekt der zunehmend spezifischen Trainingsmittel durch das sog. **Prinzip der verknüpften Reihenfolge** (WERSCHOSHANSKIJ 1972, 49) umgesetzt. BAUERSFELD/SCHRÖTER (1986) verdeutlichen diese Vorgehensweise am Beispiel der Reihung von Aufgaben zur Entwicklung der Sprungkraft (vgl. Abb. 6).

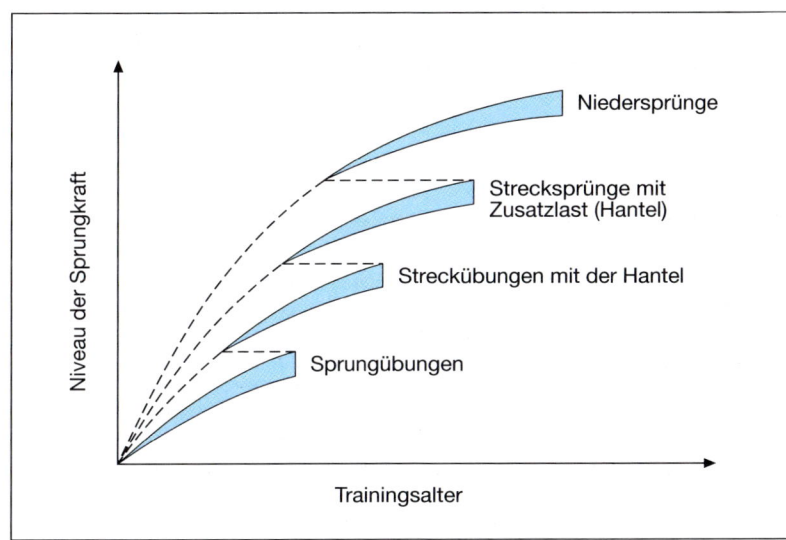

Abb. 6
Prinzip der verknüpften Reihenfolge am Beispiel der Entwicklung der Sprungkraft (mod. nach BAUERSFELD/SCHRÖTER 1986, 40)

Prinzip der Zyklisierung der Belastungsgestaltung

Es ist nicht möglich, höchste Leistungen in einer Sportart oder Disziplin zu erreichen, wenn immer mit maximaler Intensität belastet wird. Dies umso mehr, als in einigen Sportarten im Spitzenbereich 320–350 Trainings- und Wettkampftage im Jahr, also zum Teil tägliche Belastungen an der Tagesordnung sind. Die Leistungsfähigkeit unterliegt periodischen Schwankungen und die individuelle

Höchstleistung stellt dabei nur einen kleinen Ausschnitt innerhalb des langfristigen Trainings- und Wettkampfprozesses dar. Insbesondere im Leistungssport besteht das Ziel des Trainings darin, zu einem festen Zeitpunkt im Jahr (z. B. zu den Olympischen Spielen, in Wimbledon, bei den Deutschen Meisterschaften etc.) die individuelle Höchstleistung zu erzielen.

Die Belastungsgestaltung im Training verfolgt einen systematischen Aufbau der Leistungsfähigkeit, unter Berücksichtigung der Notwendigkeit zeitweise abfallender Leistungen. Neben der körperlichen Erholung wird dabei insbesondere der Abbau psychischer Belastungen bezweckt, die in Phasen wichtiger Wettkämpfe höchste Anforderungen an die Sportler stellen. Ein systematischer Wechsel von Aufbau, Stabilisierung und Reduzierung der Leistung wird durch Variation der Belastung hinsichtlich der Belastungskomponenten erzielt. Dieser Wechsel wird sowohl im Rahmen des ganzjährigen Trainings (als Vorbereitungs-, Wettkampf- und Übergangsperiode) als auch mittel- und kurzfristig über den Einsatz von Meso- und Mikrozyklen mit ansteigender, erhaltender und reduzierter Belastungsgestaltung berücksichtigt.

Der Aufbau des Trainings nach Phasen und Perioden unterschiedlicher Beanspruchung zielt auf die Erreichung höchster Leistungen zu bestimmten Zeitpunkten einerseits und die Vermeidung chronischer Überlastungen andererseits. Im Folgenden wird die Periodisierung des Trainings als zeitliche Folge von Abschnitten mit unterschiedlichen Zielsetzungen dargestellt.

Ganzjahrestraining (Perioden oder Makrozyklen)

Die Zyklisierung der Belastungsgestaltung im Verlauf eines Trainingsjahres wird durch unterschiedliche Periodisierungsmodelle beschrieben. Der allgemeine Aufbau eines Trainingsjahres gliedert sich in nahezu allen Sportarten in drei größere Teilabschnitte oder **Trainingsperioden**. Dabei werden die Vorbereitungs-, die Wettkampf- und die Übergangsperiode unterschieden. Die zeitliche Lage (und Länge) der Perioden wird von Zeitpunkt und Dauer der Hauptwettkämpfe bestimmt.

Ein Trainingsjahr beginnt in der Regel mit einer Vorbereitungsperiode, in der die Grundlagen für die wettkampfspezifische Leistung gelegt werden. An diese allgemeine und sportartbezogene Vorbereitung schließen sich die Phase der spezifischen Wettkampfvorbereitung und die Wettkampfphase an. In den meisten Sportarten wird nach der Wettkampfsaison eine Periode geringer und inhaltlich variierender Belastung (zumeist durch einen vermehrten Einsatz von Inhalten aus anderen Sportarten) eingeschoben, die der Regeneration und dem zeitweisen Abbau der spezifischen Leistungsfähigkeit dient.

Diese Grundform der Jahresperiodisierung gelangt wegen der zunehmenden Zahl und Dichte der Wettkämpfe im Spitzenbereich jedoch nur selten zur Anwendung (MARTIN et al. 1993, 251 f.). Häufiger finden sich je nach Wettkampfkalender der Sportart sog. Doppel- und Mehrfachperiodisierungen des Trainingsjahres mit zwei- und mehrfachem Wechsel zwischen Aufbau und Ansteuerung der Höchstleistung mit anschließenden kurzen Regenerationsphasen. Hierbei wird der Erhalt einer möglichst hohen Leistungsfähigkeit über einen längeren Zeitraum (z. B. eine Hinrunde) angestrebt.

Eine weitere Variante ist der zwei- bis dreimalige Aufbau der Leistungsfähigkeit zu verschiedenen wichtigen Wettkämpfen zu unterschiedlichen Zeitpunkten innerhalb einer Saison (z. B. Deutsche Meisterschaften und Europameisterschaften). Das Grundschema der Doppelperiodisierung eines Trainingsjahres ist in Abbildung 7 dargestellt.

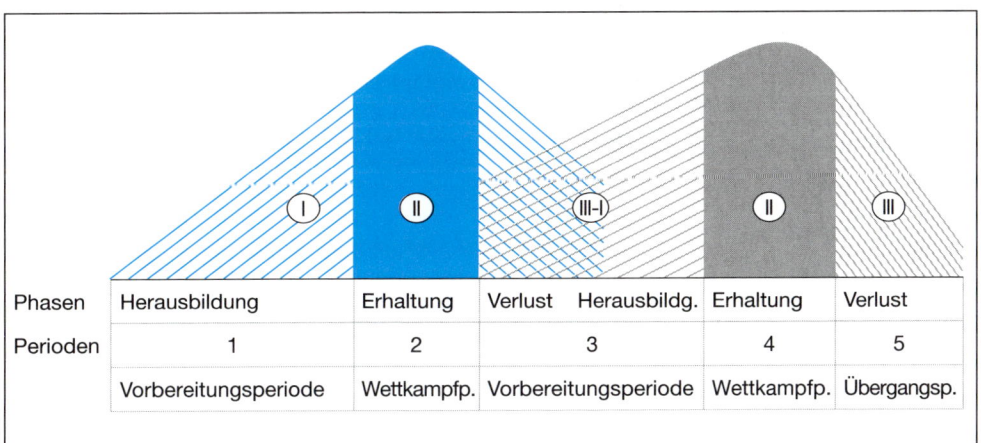

Phasen	Herausbildung		Erhaltung	Verlust	Herausbildg.	Erhaltung	Verlust
Perioden	1		2	3		4	5
	Vorbereitungsperiode		Wettkampfp.	Vorbereitungsperiode		Wettkampfp.	Übergangsp.

Meso- und Mikrozyklen

Die immer engere Aufeinanderfolge wichtiger Wettkämpfe im Spitzenbereich erfordert eine optimale Leistungssteuerung in immer kleineren Zeiträumen. Die klassische Periodisierung wird daher zunehmend von Formen der Zyklisierung abgelöst, die einen Leistungsaufbau und eine gezielte Ansteuerung eines Wettkampfhöhepunktes in sehr kurzen Zeiträumen erforderlich machen. In der Trainingspraxis werden daher Abschnitte kürzerer Dauer zur Hauptgrundlage der Trainingsplanung. Die wichtigsten Planungsabschnitte sind *Mesozyklen* mit einer Dauer von 2–6 Wochen und *Mikrozyklen* von 7–10 Tagen.

Trainingseinheit

Als kürzester Abschnitt im Rahmen der Zyklisierung der Belastungsgestaltung muss jede Trainingseinheit (TE) entsprechend des Belastungsaufbaus im jeweiligen Mikrozyklus geplant werden. In den Sportarten mit regelmäßigen Wettkämpfen in jeder Woche wird die erste TE nach dem Wettkampf mit geringem Umfang bei niedriger Intensität durchgeführt, um die Regenerationsprozesse zu unterstützen. An den Tagen 2–4 nach dem Wettkampf erfolgt dann eine erneute Steigerung von Umfang und Intensität als Vorbereitung auf den folgenden Wettkampf. Am vorletzten und letzten Tag erfolgt wieder eine Belastungsreduktion.

Abb. 7
Schematische
Darstellung des
Leistungsaufbaus
mit Mehrfach-
periodisierung
(nach MATWEJEW
1978, 71)

Neben dem bereits beschriebenen allgemeinen Aufbau einer TE mit Aufwärmen, Hauptteil und Abwärmen sollte innerhalb der Einheit eine zeitliche Reihung der Belastungsfolge eingehalten werden, die folgenden Vorgaben entspricht:

- Arbeit großer Muskelgruppen vor Belastung kleiner Muskeln.
- Technik- und Koordinationstraining vor konditionellen Inhalten.
- Allgemeine Technik- und Koordinationsübungen vor speziellem Techniktraining.
- Schnelligkeitstraining vor Kraft- und Ausdauerbeanspruchungen.
- Krafttraining vor Ausdauertraining.
- Spezielle Kondition vor allgemeinem Konditionstraining.

Diese Angaben zur sinnvollen Aufeinanderfolge von Trainingsinhalten sind insbesondere im nicht leistungsbezogenen und Anfängerbereich bedeutsam. Im Hochleistungsbereich kann unter speziellen Zielsetzungen zeitweise bewusst eine Umkehr dieser Abfolge eingesetzt werden, zum Beispiel um die Stabilität der technischen Ausführung unter Bedingungen wettkampfähnlicher Belastung zu entwickeln.

2 Grundlagen und Struktur der Beweglichkeit

Komponenten der Beweglichkeit

In der Trainingswissenschaft wird der Begriff der Beweglichkeit synonym mit einer Reihe weiterer Termini verwendet, zum Beispiel Gelenkigkeit, Dehnfähigkeit, Flexibilität, Gelenksbeweglichkeit oder Biegsamkeit. Der hier gewählte Begriff der Beweglichkeit geht vom äußerlich sicht- und messbaren Resultat, der **Bewegungsamplitude** aus.

Die **Beweglichkeit** wird wesentlich von zwei Komponenten bestimmt: der Dehnfähigkeit und der Gelenkigkeit (vgl. Abb. 8). Dehnfähigkeit und Gelenkigkeit bilden dabei jeweils einen Teilaspekt der Beweglichkeit. Unter **Dehnfähigkeit** wird die Eigenschaft von Muskeln, Bändern, Sehnen und Gelenkkapseln verstanden, Längenänderungen zu tolerieren. Die **Gelenkigkeit** beschreibt die durch die Struktur knöcherner Verbindungen ermöglichte Bewegungsamplitude. Sie ist vom jeweiligen Aufbau eines Gelenks abhängig. Die Gelenkanatomie zeigt individuelle Unterschiede. Der Gelenkaufbau durch die knöchernen Anteile ist nur unter jahrelangen intensivsten Gelenkigkeitsbeanspruchungen Veränderungen ausgesetzt, die auf Trainingseinflüsse zurückgeführt werden können (MAEHL 1986a, 23). Im Allgemeinen ist die Gelenkigkeit durch Training nicht zu beeinflussen, während die Verbesserung der Dehnfähigkeit erhebliche Steigerungen der Beweglichkeitsleistung erlaubt.

Abb. 8
Komponenten der Beweglichkeit

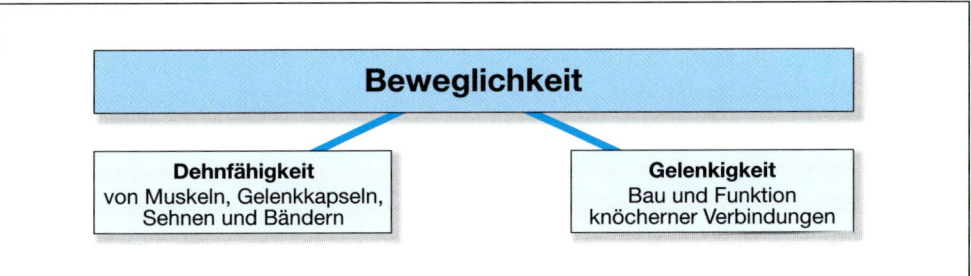

Im Sport soll eine gut ausgeprägte Beweglichkeit maximale Schwingungsweiten in den beteiligten Gelenken zulassen und die Einnahme zum Teil extremer Körperhaltungen und Positionen (Beispiel Pirouetten im Eiskunstlauf) ermöglichen. Diesen beiden Funktionen wird häufig nur eine leistungsunterstützende Bedeutung beigemessen. In der Trainingspraxis wird das Beweglichkeitstraining zumeist nur als lästige Pflichtübung absolviert. In der Trainingslehre werden mehr die »Nebenerscheinungen« einer guten Beweglichkeit betont. Beweglichkeit wird zwar durch

31

Bielmann-
Pirouette: extreme
Anforderungen an
die Beweglichkeit
im Eiskunstlauf

die biologischen Gegebenheiten des aktiven und passiven Bewegungsapparates begrenzt, ihr Ausprägungsgrad ist jedoch in erster Linie eine Folge der Art und Qualität der Beanspruchung dieser Strukturen. Die Biologie setzt demnach den Rahmen – mit sehr weiten Variationsmöglichkeiten und individuellen Normvarianten –, innerhalb dessen eine gezielte Ausprägung der Beweglichkeit durch effektives und systematisches Training erfolgt. Auch hohe Kraft- und Schnelligkeitswerte stellen »an sich« keine erstrebenswerten Vorgaben dar, sondern sind nur als Mittel zur Erreichung weiterer Ziele von Interesse, nämlich im Sinne einer Aufhebung der Einschränkungen der Bewegungsmöglichkeiten (LETZELTER 1983, 16). Im gleichen Sinne wird die Beweglichkeit im Folgenden als eigenständige motorische Eigenschaft aufgefasst und wie folgt definiert:

Beweglichkeit ist die Fähigkeit, auf der Grundlage muskulärer Dehnbarkeit eine durch die jeweilige Gelenkstruktur vorgegebene Amplitude innerhalb eines Bewegungsablaufes auszuschöpfen sowie Körperhaltungen in maximalen Winkelstellungen der beteiligten Gelenke einnehmen zu können.

Neben der direkten Bedeutung für die Realisierung überdurchschnittlicher sportlicher Leistungen werden einer guten Beweglichkeit eine Reihe weiterer positiver Funktionen im Rahmen des Trainingsprozesses zugeschrieben, die nur zum Teil durch wissenschaftliche Befunde belegt sind und häufig aus den Alltagserfahrungen von Sportlern und Trainern abgeleitet werden. Eine gut ausgeprägte Beweglichkeit bzw. ein Beweglichkeitstraining soll danach

- die Gefahr von Verletzungen der Muskeln, Sehnen, Bänder und Gelenkkapseln bei hohen Beanspruchungen vermindern,
- nach intensiven Trainings- und Wettkampfbelastungen den erhöhten Muskeltonus senken und zur allgemeinen psychischen Entspannung beitragen, um so insgesamt die Regenerationsprozesse zu beschleunigen,
- durch die Herabsetzung der inneren Reibung in der Muskulatur, den Ausnutzungsgrad der muskulären Leistungsfähigkeit bei Kraft-, Schnelligkeits- und Ausdauerleistungen erhöhen,
- muskuläre Dysbalancen als Folge hoher einseitiger Belastungen vermeiden helfen oder bestehende Dysfunktionalitäten abbauen,
- das Erlernen neuartiger Bewegungen erleichtern.

Eine differenzierte Besprechung dieser Funktionen und Aufgaben des Beweglichkeitstrainings erfolgt in Kapitel 3. Neben einer Unterscheidung der Komponenten Dehnfähigkeit und Gelenkigkeit ergeben sich aus einer praxisorientierten Betrachtung weitergehende Gliederungsaspekte der Beweglichkeit.

Gliederung und Formen der Beweglichkeit

Die Beweglichkeit wird erstens beurteilt bezüglich der Art der Krafteinwirkung, die große Amplituden und außergewöhnliche Haltungen ermöglichen, zweitens danach, ob die Bewegungsamplitude länger aufrechterhalten werden muss, und drittens nach ihrem sportartspezifischen Bezug (vgl. Abb. 9).

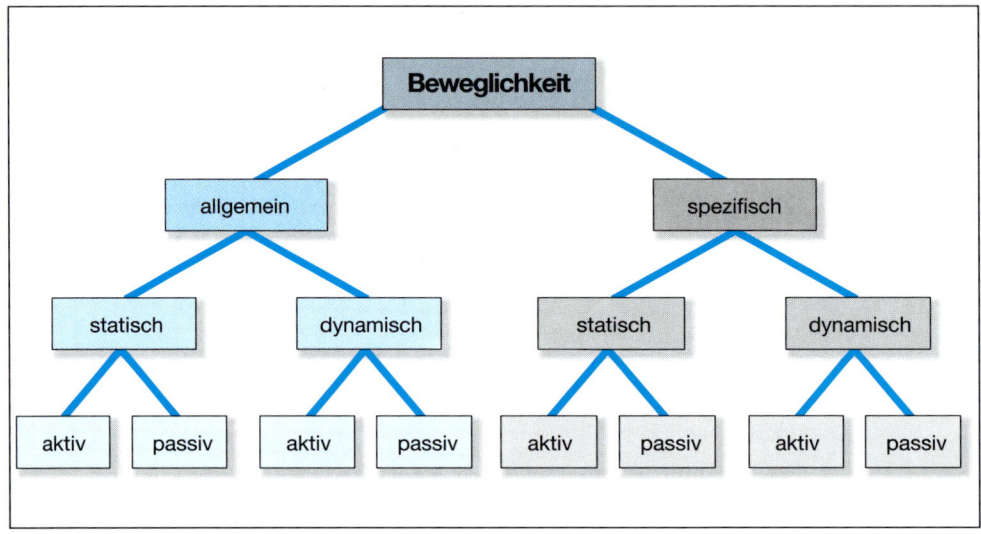

Abb. 9
Formen der Be-
weglichkeit (mod.
nach Letzelter
1983, 15)

Aktive und passive Beweglichkeit

Die **aktive Beweglichkeit** bezeichnet die maximale Bewegungsamplitude, die in einem Gelenk durch die (innere) Kraftentwicklung der Muskulatur und der resultierenden Dehnung der (möglichst entspannten) antagonistischen Muskeln erreichbar ist. Zwei Muskeln, die an einem Gelenk gegensätzliche Bewegungen bewirken (z. B. der m. biceps und der m. triceps brachii bezüglich ihrer Wirkung im Ellbogengelenk), werden als Antagonisten bezeichnet. Das Maß der zu erzielenden aktiven Beweglichkeit wird neben den Eigenschaften des zu dehnenden Muskels vor allem von der Kraft bestimmt, die der »Gegenspieler« (Antagonist) zu entwickeln vermag.

Von **passiver Beweglichkeit** hingegen spricht man, wenn die Amplitude der Bewegung durch die Einwirkung zusätzlicher äußerer Kräfte (z. B. Schwerkraft oder Partnerhilfe) ermöglicht wird. Den Unterschied beider Beweglichkeitsformen illustriert Abbildung 10 für das Bewegungsausmaß im Hüftgelenk in der Sagittalebene.

Die passive Beweglichkeit ist in der Regel größer als die aktive. Während Defizite im Bereich der aktiven Beweglichkeit auch ein Hinweis auf mangelnde Kraftvoraussetzungen sein können, deuten niedrige Werte der passiven Beweglichkeit auf eine zu geringe Dehnfähigkeit der Muskulatur hin. Das individuelle Verhältnis von aktiver und passiver Beweglichkeit in einem Gelenk erlaubt somit bereits eine erste Diagnose und Ableitung bezüglich notwendiger Trainingsmaßnahmen. Bei deutlich reduzierter passiver Beweglichkeit ist die verstärkte Dehnung der betroffenen Strukturen der erste Ansatzpunkt für den Abbau von Leistungsdefiziten.

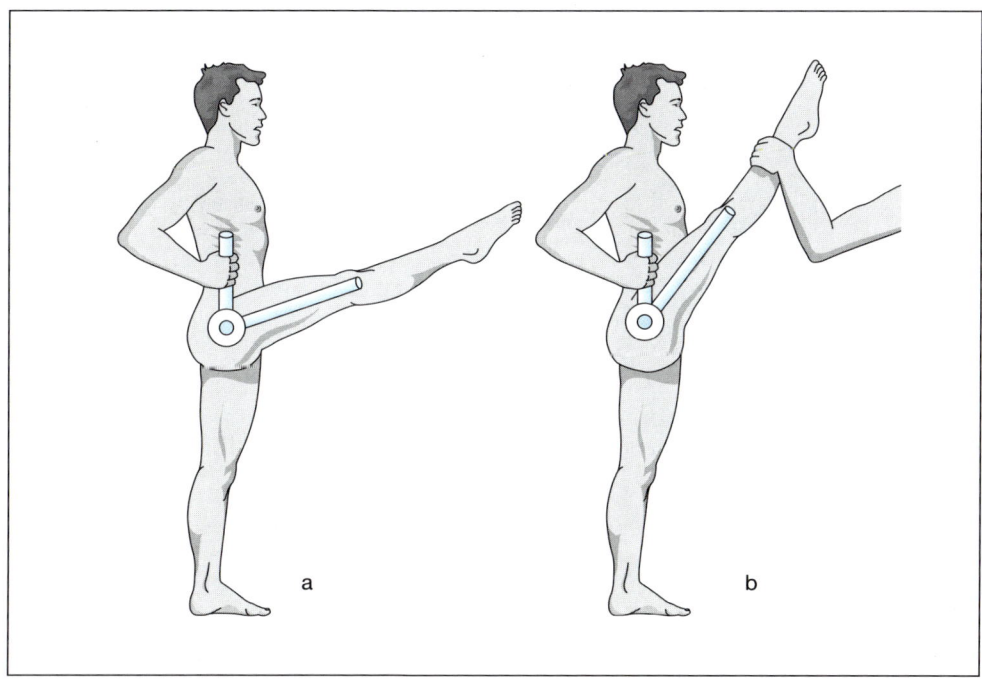

a   b

Abb. 10
Beispiele aktiver
(a) und passiver
(b) Beweglichkeit
(mod. nach HARRE
1986, 182)

Einer verminderten aktiven Beweglichkeit kann demgegenüber häufig schon durch zusätzliche Kräftigung der antagonistisch wirkenden Muskeln begegnet werden.

Im Sport ist in erster Linie die optimale aktive Beweglichkeit von Bedeutung. Ein großer »Überschuss« an passiver Beweglichkeit, die innerhalb einer sportlichen Bewegung nicht in Anspruch genommen werden muss, dient dabei der Ökonomisierung der komplexen Leistung. Dieses zusätzliche Potential wird auch als **Beweglichkeitsreserve** bezeichnet (SCHNABEL et al. 1997). Da durch die überschüssige Kapazität die Muskulatur nicht immer bis an ihre Leistungsgrenze belastet werden muss, laufen die Bewegungen insgesamt bei vermindertem inneren Widerstand ab. Der Kraftaufwand, um einen Muskel auf eine bestimmte Länge zu dehnen, wird geringer, weil dieser Muskel der Dehnung weniger Widerstand entgegensetzt.

Statische und dynamische Beweglichkeit

Unter **statischer Beweglichkeit** wird diejenige Gelenkwinkelstellung verstanden, die über mehrere Sekunden bis zu einer Minute gehalten werden kann. Die Einnahme der Position und die sich anschließende Haltung kann dabei sowohl durch innere Kräfte (aktiv) als auch unter Mithilfe äußerer Kräfte (passiv) erfolgen. Die **dynamische Beweglichkeit** beschreibt im Gegensatz dazu die maximale Bewegungsamplitude, die einmalig durch Nachfedern oder aus einer schwunghaften Bewegung heraus erreicht wird. Die dynamische Beweglichkeit ist stets größer als die statische Beweglichkeit.

Allgemeine und spezifische Beweglichkeit

Als **allgemeine Beweglichkeit** wird das normale (physiologische) Bewegungsausmaß in den drei großen Gelenksystemen des Körpers – Schultergelenk, Wirbelsäule und Hüftgelenk – bezeichnet. Diese Ausprägung ist jedoch allenfalls im Alltag als ausreichend anzusehen. In nahezu allen Sportarten ist demgegenüber in einem oder mehreren Gelenken eine über die alltägliche Beanspruchung hinausgehende Beweglichkeit erforderlich. Diese disziplinbezogenen und an den sportartspezifischen Techniken ausgerichteten Beweglichkeitsanforderungen bestimmen das Maß der im Training zu entwickelnden **spezifischen Beweglichkeit**. Beispiele sind die besondere Spreizfähigkeit im Hüftgelenk bei Kunstturnern oder die extreme Beweglichkeit im Schultergelenk von Schwimmern. Da Beweglichkeitsleistungen gesondert für einzelne Körperregionen ausgebildet werden, ist eine hohe allgemeine Beweglichkeit keine notwendige Voraussetzung für

Abb. 11
Normale Beweglichkeit
(nach SPRING et al. 1997, 7)

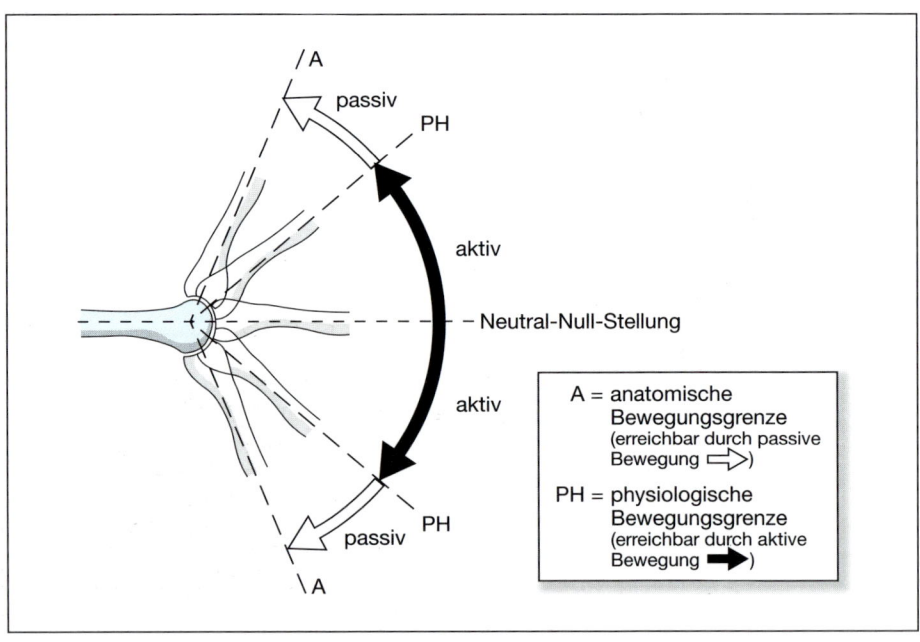

das Erzielen einer überdurchschnittlichen spezifischen Beweglichkeit. Ebenso gehen hohe spezifische Beweglichkeitsleistungen nicht zwangsläufig mit gleichermaßen hoher allgemeiner Beweglichkeitsausprägung einher. Die Beweglichkeit ist mithin spezifisch für bestimmte Körperregionen bzw. Gelenksysteme mit ihren beteiligten Muskeln (BÖS/MECHLING 1980; LETZELTER et al. 1984).

Normale Beweglichkeit und pathologische Erscheinungsformen

In der Praxis der medizinischen Trainingstherapie wird die *normale Beweglichkeit* von den pathologischen Formen, einer eingeschränkten Beweglichkeit (*Hypomobilität*) und einer übermäßigen Beweglichkeit (*Hypermobilität*) in einem oder mehreren Gelenken, unterschieden (SPRING et al. 1997). Als **normale Beweglichkeit** wird der durch die sog. anatomische Bewegungsgrenze limitierte maximale Bewegungsausschlag bei passiven Bewegungen und die durch die sog. physiologische Bewegungsgrenze erreichbare Amplitude der aktiven Bewegungen bezeichnet (vgl. Abb. 11, Seite 36). Demgegenüber wird bei eingeschränkter oder übermäßiger Beweglichkeit bis zur sog. pathologischen Bewegungsgrenze belastet.

Eine deutlich über das normale, physiologisch unbedenkliche Maß hinausgehende Beweglichkeit wird als **Hypermobilität** bezeichnet (vgl. Abb. 12). Eine generelle Hypermobilität stellt eine pathologische Form der Beweglichkeit dar. Die Ursa-

Abb. 12
Hypermobilität
(nach SPRING et al.
1997, 8)

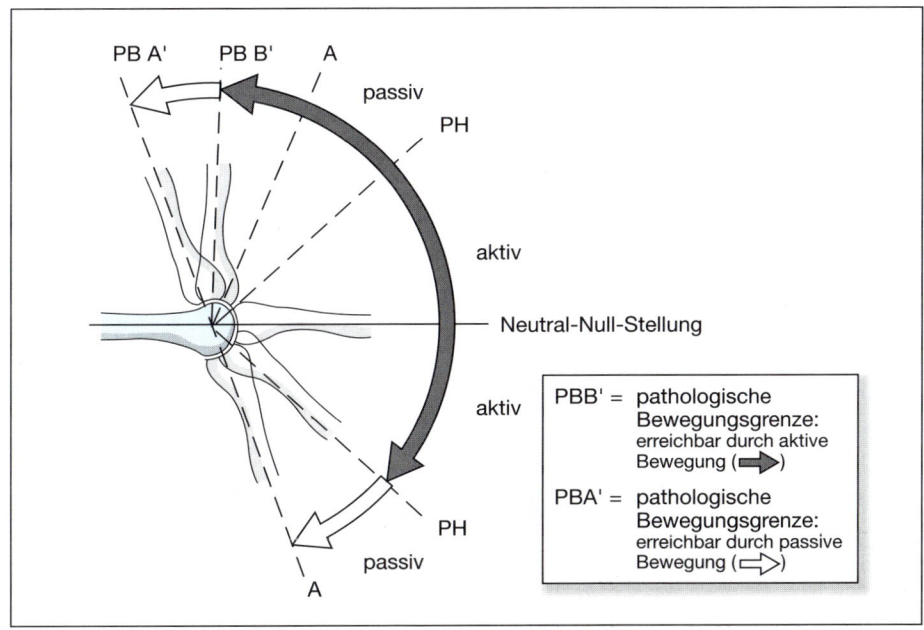

PB A' PB B' A
passiv
PH
aktiv
Neutral-Null-Stellung
aktiv
PH
passiv
A

PBB' = pathologische
Bewegungsgrenze:
erreichbar durch aktive
Bewegung (➡)

PBA' = pathologische
Bewegungsgrenze:
erreichbar durch passive
Bewegung (⇨)

chen der Hypermobilität können sowohl anlagebedingt sein als auch infolge von Fehl- und Überlastungen auftreten. Die *generalisierte Hypermobilität* beruht auf einer genetisch bedingten Bindegewebsschwäche. Diese Form der übermäßigen Beweglichkeit kann nur teilweise durch Kräftigung der Muskulatur kompensiert werden (GROHER 1979, 244). Sportliche Höchstleistungen sind dann nicht mehr zu erzielen.

Die regional auftretende Hypermobilität basiert entweder auf angeborenen Faktoren (z. B. in Form der habituellen Luxationsneigung im Schultergelenk) oder auf intensivem Training für eine Körperregion. Eine *lokale*, d. h. einzelne Gelenke betreffende Hypermobilität muss jedoch als unverzichtbare Voraussetzung für das Erreichen von Höchstleistungen in manchen Sportarten (z. B. der rhythmischen Sportgymnastik) angesehen werden (vgl. auch Ausführungen zur spezifischen Beweglichkeit). Belastungsbedingte Gelenkinstabilität, vor allem wenn sie chronisch vorliegt, ist dabei häufig die Ursache vorzeitiger degenerativer Gelenkveränderungen. Ein intensives sportartspezifisches Beweglichkeitstraining muss daher durch Krafttraining ergänzt werden, damit neben der nötigen hohen Beweglichkeit die erforderliche Stabilität der Gelenke gewährleistet ist, um Verletzungen und mögliche Spätschäden so weit als möglich auszuschließen.

Abb. 13
Hypomobilität
(nach SPRING et al.
1997, 7)

Eine stark eingeschränkte Bewegungsamplitude in einem oder mehreren Gelenken kennzeichnet die sog. **Hypomobilität** (vgl. Abb. 13). Diese Form einer patholo-

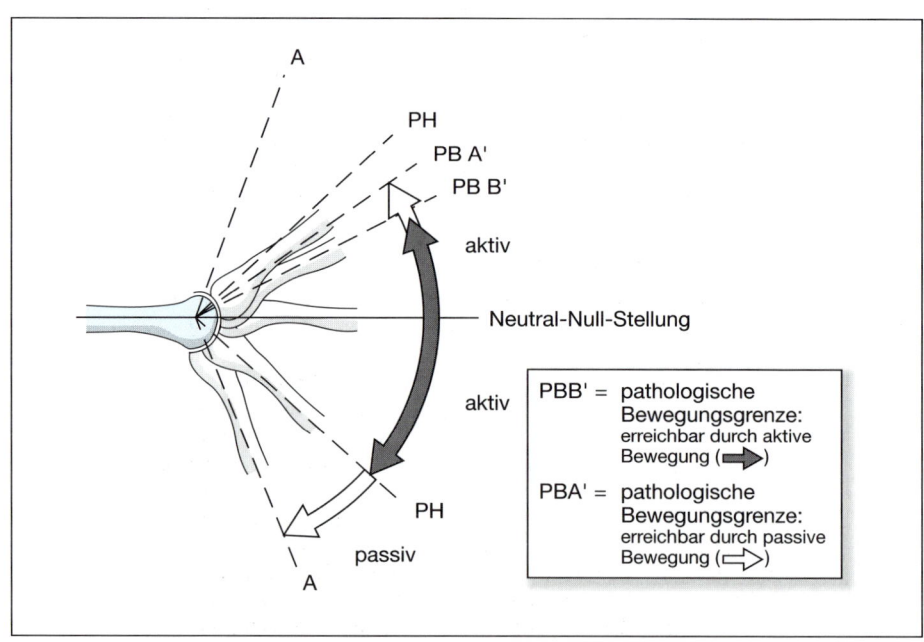

gisch veränderten Beweglichkeit tritt infolge einseitiger hoher Belastungen auf, insbesondere wenn diese über lange Zeiträume hinweg einwirken. Die mit häufiger unphysiologischer Belastung einhergehenden Muskeldysfunktionen (mangelnde Dehnfähigkeit, muskuläre Dysbalancen) schränken dann zunehmend das mögliche Bewegungsausmaß ein und bedürfen einer speziellen Behandlung bei gleichzeitiger Umstellung und Reduzierung der Trainingsbelastungen.

Biologische Grundlagen

Die biologischen Grundlagen der Beweglichkeit werden durch die anatomischen und funktionellen Gegebenheiten des aktiven und passiven Bewegungsapparates, das Verhalten der unterschiedlichen Gewebe unter Dehnungsbedingungen sowie die neuromuskulären Faktoren beschrieben. Der **passive Bewegungsapparat** umfasst Knochen, Sehnen, Bänder, Knorpel und Bindegewebe. Die (quergestreifte) Skelettmuskulatur bildet aufgrund ihrer Fähigkeit, durch Kontraktion zwei gelenkig verbundene Knochen gegeneinander zu bewegen, den **aktiven Bewegungsapparat**.

Skelettmuskulatur

Die quergestreifte oder Skelettmuskulatur stellt das größte Organsystem des Menschen dar. Beim männlichen gesunden Erwachsenen machen die insgesamt 639 Einzelmuskeln 40–45 % des Körpergewichts aus, während der Anteil bei der Frau mit 33–38 % niedriger liegt. Bei krafttrainierten Athleten kann der Anteil deutlich über die genannten Werte ansteigen, während im Alter nur noch ca. 30 % der Körpermasse auf die Skelettmuskulatur entfallen. Jede Bewegung setzt Muskelarbeit voraus. Bewegungen des menschlichen Körpers und seiner Teile werden durch die Fähigkeit der Skelettmuskulatur zur aktiven **Kontraktion** (Verkürzung) seiner Fasern möglich. Der Kontraktionsvorgang setzt einen spezifischen feinstrukturellen Aufbau, neuronale Ansteuerung und Energieversorgung der Muskulatur voraus.

Feinstruktureller Aufbau eines Muskels

Skelettmuskeln bestehen aus tausenden Zellen, den sog. Muskelfasern. Eine Muskelfaser hat je nach Muskel eine Länge von wenigen Millimetern bis zu 15 Zentimetern. Mehrere Muskelfasern sind zu **Faserbündeln** zusammengefasst, die von einer bindegewebigen Hülle (Perimysium) umgeben sind. Die **Muskelfasern** bilden ca. 85 % des Gesamtmuskels. Die verbleibenden 15 % entfallen auf Bindegewebe, Gefäße und Nerven (MARKWORTH 1983, 28). Muskelfasern wiederum sind in kleinere Zellorgane unterteilt, den **Myofibrillen** (vgl. Abb. 14). Bei Betrachtung der Myofibrillen unter dem Mikroskop zeigen diese die charakteristische Querstreifung als Folge der symmetrischen Anordnung heller (I-Band) und dunkler Zonen (A-Band). Die Myofibrillen wiederum bestehen aus einer parallelen Anordnung vieler kleiner Eiweißkomponenten, die die kleinste funktionelle Einheit der Skelettmuskulatur bilden, das **Sarkomer**. Ein Sarkomer besteht aus zwei verschiedenen Eiweißmolekülen, den (dünnen) **Aktinfilamenten** und den (dickeren)

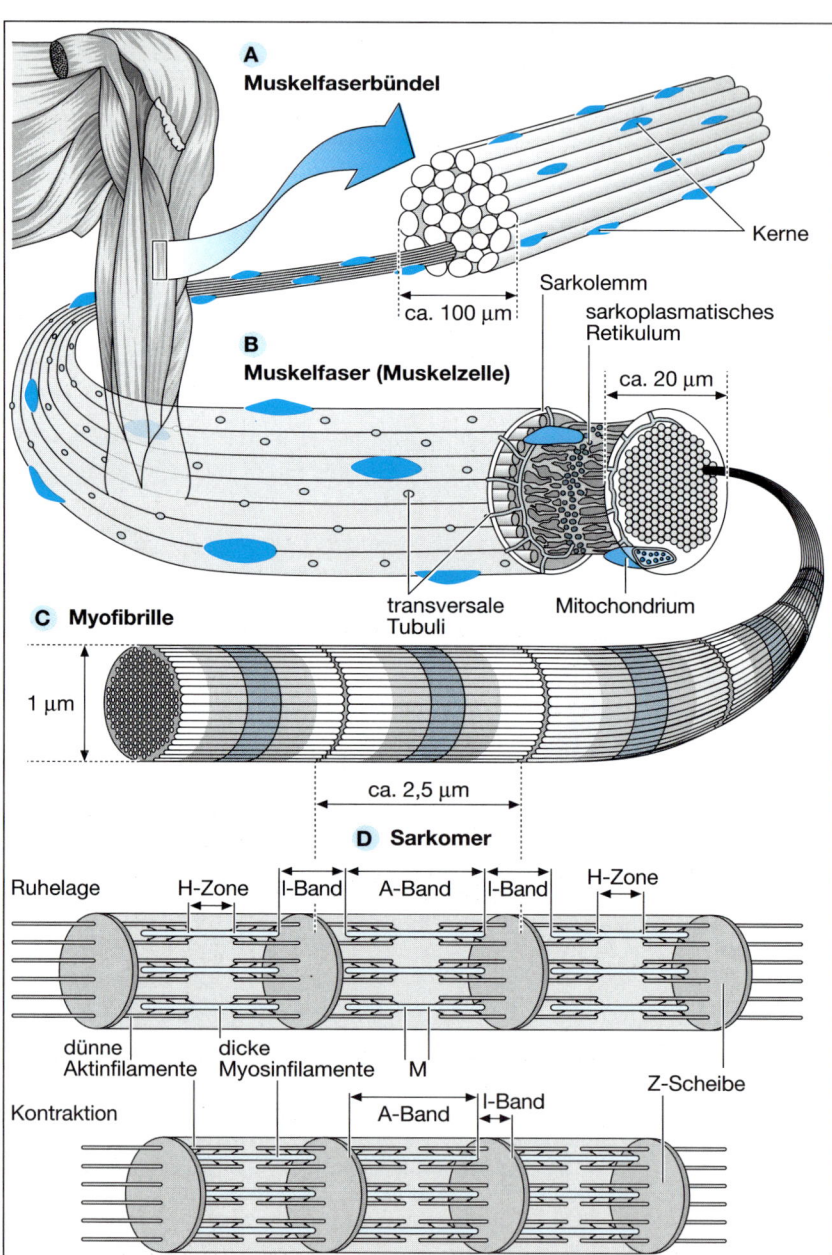

Abb. 14
Struktureller
Aufbau der
Skelett-
muskulatur
(nach
MARKWORTH
1983, 29)

A
Muskelfaserbündel

Kerne

ca. 100 µm

Sarkolemm

sarkoplasmatisches
Retikulum

ca. 20 µm

B
Muskelfaser (Muskelzelle)

transversale
Tubuli

Mitochondrium

C Myofibrille

1 µm

ca. 2,5 µm

D Sarkomer

Ruhelage   H-Zone   I-Band   A-Band   I-Band   H-Zone

dünne
Aktinfilamente   dicke
Myosinfilamente   M   Z-Scheibe

Kontraktion   A-Band   I-Band

Myosinfilamenten. Das Aktin ist an seinen Enden mit den Rändern eines Sarkomers, den Z-Scheiben, verbunden. In der Mitte eines Sarkomers liegen jeweils die
Myosinanteile. Diese schieben sich mit ihren Enden zwischen die außen gelager-
ten Aktinfilamente. Die theoretische Vorstellung vom Mechanismus der Muskelkontraktion geht von einem Ineinandergleiten der Aktin- und Myosinfäden aus.
Dieser Vorgang bildet die Grundlage der Kraft- bzw. Spannungsentwicklung der
Skelettmuskulatur und wird durch die *Gleitfilamenttheorie* beschrieben.

Gleitfilamenttheorie

Grundlage der Gleitfilamenttheorie ist die Annahme, dass sich bei einer Kontraktion der Muskelfasern die einzelnen Aktin- und Myosinfilamente teleskopartig in-
einanderschieben. Keines der beteiligten Eiweißmoleküle verändert dabei jedoch
seine Länge. Als Folge einer Erregung der Muskelfaser durch die Nervenzelle

Abb. 15
Modell eines Kon-
traktionsvorgangs
(mod. nach RÜEGG
1993, 68)

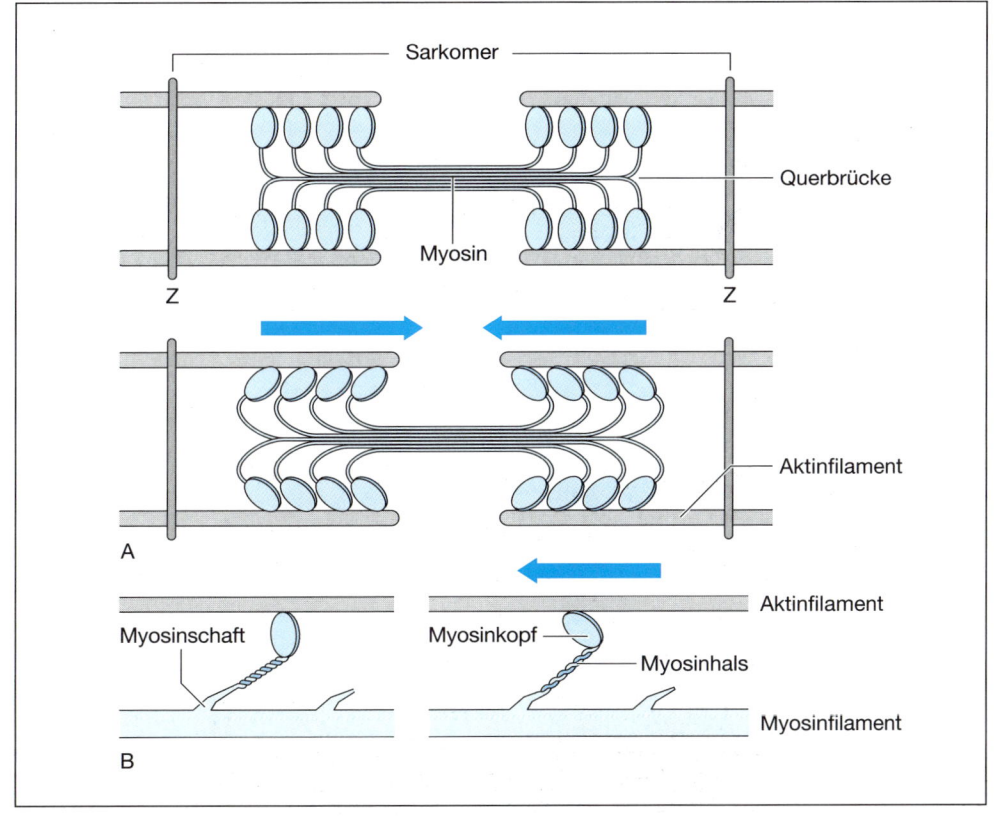

kommt es zu einer Bildung von Querbrücken zwischen schwerem Myosin und Aktin. Die Aktinmoleküle werden dann durch eine Kippbewegung der Myosinköpfe zur Sarkomermitte gezogen (vgl. Abb. 15). Eine einmalige Kippbewegung vermag das Sarkomer jedoch nur um etwa 1 % zu verkürzen, so dass eine enorme Anzahl einzelner Aktin-Myosin-Verbindungen mit anschließendem Ineinandergleiten notwendig wird, um eine äußerlich sichtbare Kontraktion des Gesamtmuskels zu bewirken. Durch wiederholtes zeitversetztes Ziehen der Myosinköpfchen am Aktinfilament kommt es zu einer Summierung unzähliger Minimalkontraktionen. Die einzelnen Myosinfilamente lösen sich dabei immer wieder von den Aktinmolekülen und ziehen wie bei einer Ruderbewegung fortlaufend an den Aktinsträngen. Durch ein zeitversetztes Angreifen der Myosinfilamente ist gewährleistet, dass nicht alle Querbrücken gleichzeitig aufgelöst werden und die Muskelfaser in die Ausgangslänge zurückgezogen wird.

Neuronale Erregung der Muskelfasern

Jeder willkürlichen Kontraktion eines Muskels geht die Erregung durch einen motorischen Nervenstrang voraus. Die Nerven, die zu den Skelettmuskelfasern ziehen, gehen von den motorischen Vorderhornzellen im Rückenmark (sog. Alpha-Motoneurone) aus. Eine Nervenzelle ist mit unterschiedlich vielen Muskelfasern gekoppelt. In großen Muskeln, deren Hauptaufgabe in der Entwicklung hoher Kraftwerte und der Ausführung großräumiger Bewegungen besteht (z. B. Rumpfmuskulatur), versorgt eine Nervenzelle 500–1500 Muskelfasern. Kleine Muskeln, die bei feinmotorischen Aufgaben eingesetzt werden (z. B. Finger- und Handmuskulatur) und dementsprechend eine präzise Abstufung der eingesetzten Kraft erfordern, werden von vielen Nervenfasern versorgt, die im Extremfall jeweils nur 5–10 Muskelfasern innervieren.

Die motorische Vorderhornzelle im Rückenmark, der zum Muskel laufende Nerv und die von ihm erregbaren Muskelfasern bilden zusammen die sog. **motorische Einheit**. Ein überschwelliger Nervenimpuls im Rückenmark führt zur Kontraktion aller zu einer aktivierten Einheit gehörenden Muskelfasern. Die Muskelfasern einer motorischen Einheit liegen immer im gleichen Muskel, müssen jedoch innerhalb desselben nicht nebeneinander angeordnet sein, sondern sind in der Regel über eine größere Region verteilt. Eine Erregung durch den Nerv führt entweder zur Kontraktion aller Fasern (dieser motorischen Einheit) oder bleibt unwirksam, weil die notwendige Reizschwelle nicht erreicht wurde. Eine Kontraktion nur eines Anteils von Fasern, die zu einer motorischen Einheit zählen, ist unmöglich (sog. *Alles-oder-Nichts-Gesetz*).

Die elektrische Energie eines Nervenimpulses muss in der Muskulatur in die mechanische Energie des Kontraktionsvorgangs umgesetzt werden. Dieser Vorgang wird als **elektromechanische Koppelung** bezeichnet. Der beschriebene Prozess einer Querbrückenbildung zwischen den Eiweißmolekülen Aktin und Myosin ist an das Einströmen von Kalzium (CA^+) gebunden. Im Muskelgewebe sind membranbegrenzte längsverlaufende Hohlräume angelegt, das sog. Longitudinal- (L-) System. Diese Membranschläuche enthalten das Kalzium und bilden über Querverbindungen (sog. Terminalzysterne) weiter in das Muskelgewebe hinein verzweigte Kanalsysteme. In Ruhe enthält die Muskulatur nahezu kein Kalzium (STEGEMANN 1984, 22). Trifft nun ein elektrischer Nervenimpuls von einer bestimmten Mindeststärke (diese Erregungsschwelle ist je nach Art des Muskels und äußeren Bedingungen Schwankungen unterworfen) an der Muskelfasermembran ein, wird das Kalzium aus dem L-System in die Muskulatur abgegeben und so der Mechanismus der Querbrückenbildung eingeleitet.

Energieversorgung der Muskulatur

Der mechanische Vorgang der Muskelkontraktion ist nur möglich, wenn die einzelnen Muskelzellen mit Energie für diese Arbeit versorgt werden. Obwohl der Körper über unterschiedliche Energiespeicher für die Kontraktionsarbeit verfügt, ist der Mechanismus der Verkürzung der Muskelfasern nur mit Hilfe eines Stoffes möglich, dem **Adenosintriphosphat (ATP)**. Das ATP liegt in der Muskelzelle lediglich in sehr geringer Konzentration vor (ca. 2–3 mmol/100 gr Trockenmasse). Bei maximaler Muskelarbeit wäre diese Energiequelle nach 2–3 Sekunden versiegt. Der Organismus ist daher gezwungen, ständig verbrauchtes ATP zu resynthetisieren, um seine Funktionsfähigkeit aufrechterhalten zu können. Beim Wiederaufbau von ATP greift der Körper auf drei Stoffe zurück, die in unterschiedlich hohem Umfang zur Verfügung stehen: Kreatinphosphat, Glykogen und Fett.
Neben dem ATP befindet sich ein weiteres energiereiches Phosphat in der Muskelzelle, das **Kreatinphosphat (KP)**. Nach dem Abbau des ATP zu energieärmerem ADP (Adenosindiphosphat) wird dieses in der *Lohmann-Reaktion* mit Hilfe des Enzyms Kreatinphosphokinase durch Umwandlung von Kreatinphosphat zu Kreatin wieder zu ATP angereichert. Die Gesamtmenge der energiereichen Phosphate reicht etwa für 7–10 Sekunden maximaler Muskelarbeit aus. Durch Training kann der Phosphatvorrat gesteigert werden (vgl. auch Kapitel 1), so dass beim Trainierten bis zu maximal 20 Sekunden Muskelarbeit durch Spaltung der Phosphagene möglich wird. Während der ATP-Spiegel in der Muskelzelle immer nahezu konstant bleibt, werden bei intensiven Beanspruchungen die Kreatinphosphatspeicher so gut wie vollständig ausgeschöpft. Eine fast das Ruheniveau erreichende Wiederauffüllung der KP-Depots erfolgt bereits 1–2 Minuten nach Beendigung der muskulären Arbeit (»Schnellregeneration«, vgl. LEHNERTZ/MARTIN 1985).
Aufgrund des geringen Vorrats an energiereichem Phosphat ist der Organismus für die meisten Tätigkeiten gezwungen, weitere Stoffwechselvorgänge zur Energieversorgung heranzuziehen. Einen zentralen Bestandteil der energetischen Versorgung der Muskulatur bildet das **Glykogen**. Dieser Stoff ist in der Leber und in der Muskulatur gespeichert. Das Leberglykogen wird zur Konstanthaltung des Blutzuckerspiegels eingesetzt. Das Hormon Insulin reguliert die Freisetzung des Leberglykogens in die Blutbahn. Bei körperlicher Belastung greift die Muskulatur zuerst auf die im Muskel vorhandenen Glykogenvorräte zurück, um dann bei zunehmender Beanspruchung auch Glykogen aus dem Blut aufzunehmen. Ebenso wie das Kreatinphosphat dient Glykogen nicht unmittelbar der Muskelarbeit, sondern wird zum Wiederaufbau des verbrauchten ATP eingesetzt.
In der Muskulatur stehen zwei Möglichkeiten zur Verfügung, um ATP aus Glykogen aufzubauen: Auf anaerobem Weg, d.h. ohne Sauerstoff, wird Glykogen im

Sarkoplasma der Muskelzelle über Pyruvat zu Laktat abgebaut. Dieser Prozess des Aufbaus von ATP aus Glykogen ohne Sauerstoff wird als **anaerobe Glykolyse** bezeichnet. Bei der anaeroben Energiegewinnung entstehen Stoffwechselendprodukte (Pyruvat, Laktat) und der Kreatinphosphatspiegel ist vermindert. Diese Auswirkungen muskulärer Arbeit müssen nach Abbruch der Tätigkeit, also in der Erholungsphase, wieder zurückgeführt werden. Demnach wird nach Arbeitsende nicht sofort das gesamte System wieder »heruntergefahren«, sondern der Organismus läuft noch einige Zeit unter erhöhter Aktivität, um die »Ermüdungsreste« abzubauen.

Demgegenüber ist die zweite Möglichkeit der Energiegewinnung durch eine Balance von Energiebedarf und -angebot gekennzeichnet. Das bedeutet, es wird immer so viel ATP neu gebildet, wie aktuell verbraucht wird. Diese Form der Weiterverarbeitung von Glykogen und Fetten im Muskel ist an das Vorliegen von Sauerstoff (aerober Stoffwechsel) gebunden. Er findet in speziellen Zellorganellen, den Mitochondrien statt.

Unter der Voraussetzung eines ausreichenden Sauerstoffangebotes durch das Blut werden Glykogen, Fette und das Endprodukt des anaeroben Stoffwechsels, das Pyruvat (Salz der Brenztraubensäure), in den Mitochondrien aerob weiterverarbeitet, um neues ATP aufzubauen. Im **Citratcyklus** (auch Zitronensäurezyklus) und der **Atmungskette** wird in den Mitochondrien unter Verbrauch von Sauerstoff weitere Energie zum Aufbau des benötigten ATP gewonnen[1]. Die Energiegewinnung unter aeroben Bedingungen erlaubt einen vollständigen Abbau der Substrate und stellt daher eine sehr ökonomische Arbeitsform dar. Jedoch lässt der ständige Sauerstoffbedarf nur mittlere bis geringe Belastungsintensitäten zu. Bei starker oder plötzlich erhöhter Arbeitsintensität muss der anaerobe Stoffwechsel wieder zugeschaltet werden.

Es stellt sich nun die Frage, weshalb der Organismus auf mehrere so unterschiedliche Mechanismen der Energiegewinnung zurückgreift, anstatt zum Beispiel lediglich die ökonomische Form der aeroben Energiebereitstellung einzusetzen. Die hier jeweils nur kurz angesprochenen Möglichkeiten der Muskulatur, Energie für den Kontraktionsvorgang zu gewinnen, haben spezifische Vor- und Nachteile, so dass sie nur unter bestimmten Bedingungen eingesetzt werden. Der Organismus benötigt etwa 90–120 Sekunden, um die Kreislaufleistung von den Ruhebedingungen auf die individuelle maximale Sauerstoffaufnahme umzustellen[2]. Unmittelbar nach Arbeitsbeginn steht somit in der Muskelzelle der Sauerstoff noch nicht in ausreichendem Maße zur Verfügung. Bei Aufnahme einer Tätigkeit, die über die alltägliche Beanspruchung hinausgeht, wird daher zuerst der anaerobe Stoffwechsel zur Bewältigung der Arbeit aktiviert.

Während der anaerobe Weg der Energiebeschaffung bereits nach kurzer Zeit seine maximale Kapazität erreicht hat, übernimmt der dann einsetzende aerobe Stoffwechsel zunehmend die energetische Versorgung. Allerdings geht dieser ökono-

---

[1] Für eine genaue Beschreibung und Erläuterung der zugehörigen biochemischen Abläufe muss an dieser Stelle auf die einschlägige Literatur verwiesen werden (z. B. MARKWORTH 1983 und STEGEMANN 1984).

[2] Kinder erreichen die maximale Kreislaufleistung bereits sehr viel schneller, jedoch ist ihre Fähigkeit zur anaeroben Energiegewinnung auch deutlich geringer ausgeprägt (KLIMT 1992, 149f.).

mische Weg mit relativ geringer Energiegewinnung pro Zeiteinheit einher, so dass bei hohen Belastungsintensitäten wieder auf den anaeroben Verbrauch der Phosphate und des Glykogens zurückgegriffen werden muss. Eine abschließende Zusammenfassung der Formen der Energiebereitstellung mit ihren jeweiligen Vor- und Nachteilen gibt Tabelle 3.

Tabelle 3
Formen muskulärer Energiegewinnung und ihre jeweiligen Vor- und Nachteile

Substrat und Art der Energiegewinnung	biochemischer Prozess und Ort der Reaktion	Substratspeicher im Organismus	maximale Energieflussrate mmol/g/s	maximale Einsatzdauer	Verfügbarkeit nach Arbeitsaufnahme
ATP, KP anaerob-alaktazid	»Lohmann-Reaktion« (Zellplasma)	Muskelzellen	1,6–3,0	7–10 sec	sofort
Glykogen anaerob-laktazid	anaerobe Glykolyse (Zellplasma)	Leber, Muskel	1,0	45–90 sec	schnell, nach ca. 10–20 sec mit max. Kapazität
Glykogen aerob-glykolytisch	Citratcyklus u. Atmungskette (Mitochondrien)	Leber, Muskel	0,5	45–90 min	nach 90–120 sec mit max. Kapazität
Fettsäuren aerob	Citratcyklus u. Atmungskette (Mitochondrien)	vor allem Blut, geringer im Muskel	0,25	mehrere Stunden	setzt mit Verminderung des Glykogens ein

Gelenke

Arten und Einteilung

Die Verbindungen zwischen den Knochen des menschlichen Körpers erlauben Bewegungen unterschiedlichen Ausmaßes. Knochen sind entweder kontinuierlich oder diskontinuierlich miteinander verbunden. Eine **kontinuierliche Knochenverbindung** wird als *Synarthrose* (oder Haft) bezeichnet. Je nach Art dieser Verbindung werden Bandhaften (Syndesmosen), Knorpelhaften (Synchondrosen) oder Knochenhaften (Synostosen) unterschieden. Synarthrosen erlauben gar keine oder nur eine sehr geringe Bewegungsfreiheit.
Um ein größeres Bewegungsausmaß zu ermöglichen, sind **diskontinuierliche Knochenverbindungen** in Form von Gelenken notwendig. Gelenke oder *Diarthrosen* sind durch einen Gelenkspalt zwischen den gegeneinander beweglichen Knochen, mindestens zwei Gelenkkörper und eine Gelenkkapsel charakterisiert. Der Spalt zwischen den Gelenkflächen enthält die Gelenkschmiere (Synovia). Diese Flüssigkeit vermindert die Reibung zwischen den gelenkbildenden Knochen und hat darüber hinaus eine knorpelernährende Funktion. Die Synovialflüssigkeit wird von der inneren Schicht der Gelenkkapsel abgesondert. Gelenkkapseln sind feste Bindegewebshäute, die den Gelenkinnenraum luftdicht abschließen. Im In-

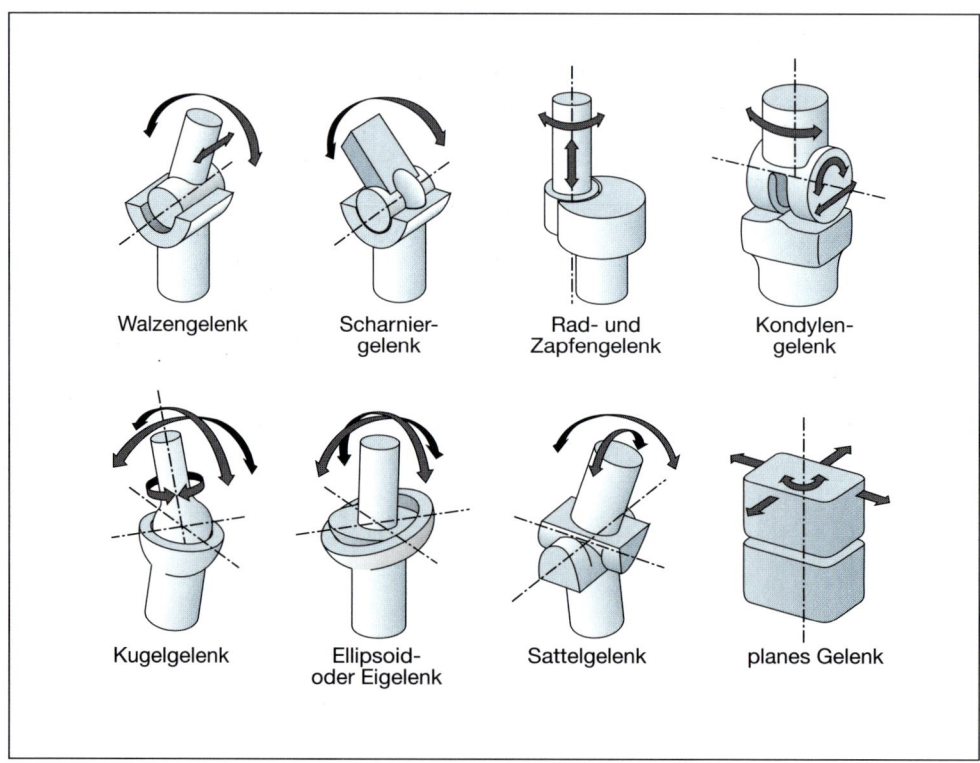

Walzengelenk

Scharnier-
gelenk

Rad- und
Zapfengelenk

Kondylen-
gelenk

Kugelgelenk

Ellipsoid-
oder Eigelenk

Sattelgelenk

planes Gelenk

Abb. 16
Gelenkformen und
Bewegungsmög-
lichkeiten (nach
TILLMANN/
TÖNDURY 1998,
109)

neren der Gelenkkapsel liegen die Gelenkkörper, Gelenkkopf und Gelenkpfanne, die von einer dünnen elastischen Knorpelschicht (dem hyalinen Gelenkknorpel) überzogen bzw. ausgekleidet sind.

Eine Einteilung von Gelenken kann nach der Zahl der Gelenkkörper erfolgen. **Einfache Gelenke** enthalten zwei Gelenkkörper in einer Kapsel. Bei mehr als zwei Gelenkkörpern in einer Kapsel (z. B. beim Ellbogengelenk) spricht man von **zusammengesetzten Gelenken**. Die zweite Art der Einteilung der Gelenke bezieht sich auf deren spezifische Bewegungsmöglichkeiten. Je nach Form der Verbindungen werden ein-, zwei- und mehrachsige Gelenke unterschieden (vgl. auch Abb. 16). **Einachsige Gelenke** (z. B. Scharniergelenke) erlauben Bewegungen in nur einer Ebene im Sinne einer einfachen Beugung und Streckung. **Zweiachsige Gelenke** (z. B. Sattelgelenke) vergrößern bereits das mögliche Bewegungsausmaß um eine weitere Bewegungsebene. Eine maximale Ausschöpfung der Bewegungsmöglichkeiten bieten die **vielachsigen Gelenke** (freie oder Kugelgelenke), indem die gelenkbildenden Knochen neben der Verschiebung der Gelenkflächen zueinander zusätzlich noch Drehungen um sich selbst erlauben.

Sehnen und Bänder

Die von der Skelettmuskulatur entwickelte Kraft (bzw. Zugspannung) wird von den Sehnen auf das knöcherne Gewebe übertragen. Sehnen bestehen aus straffen kollagenen Bindegewebsfasern, die bei **flächenhaften Sehnen** (z. B. in der Bauchmuskulatur) parallel angeordnct und bci **strangförmigen Sehnen** (z. B. Achillessehne) spiralartig ineinander verdreht sind. Auf der Muskelseite strahlen einzelne Sehnenfasern in die Einstülpungen zwischen den Muskelfasern ein und haften an den Muskelfaserhüllen (vgl. Abb. 17). Am Knochenansatz verwachsen die Sehnenfasern zum Teil gebündelt oder aber überkreuzend mit der Knochensubstanz. Ein leicht *welliger Verlauf* der Sehnen im unbelasteten Zustand wird zu Beginn eines Muskelzugs zunächst ausgeglichen. Durch die verzögerte Zugaufnahme der Sehnen wird eine allzu abrupte Krafteinwirkung auf die knöchernen Anteile vermieden. Mit 40–60 N/mm^2 weisen Sehnen eine höhere Zugfestigkeit als Aluminium (20–40 N/mm^2) auf (DE MARÉES 1981, 36), so dass der Riss einer Sehne nur bei akuter Vorschädigung oder unter extremen äußeren Krafteinwirkungen erfolgt. Bei sehr langen Sehnen (z. B. in den Händen und den Füßen) und dort,

Abb. 17
Schematische Darstellung einer Muskel-Sehnen-Verbindung (nach RADLINGER et al. 1998, 146)

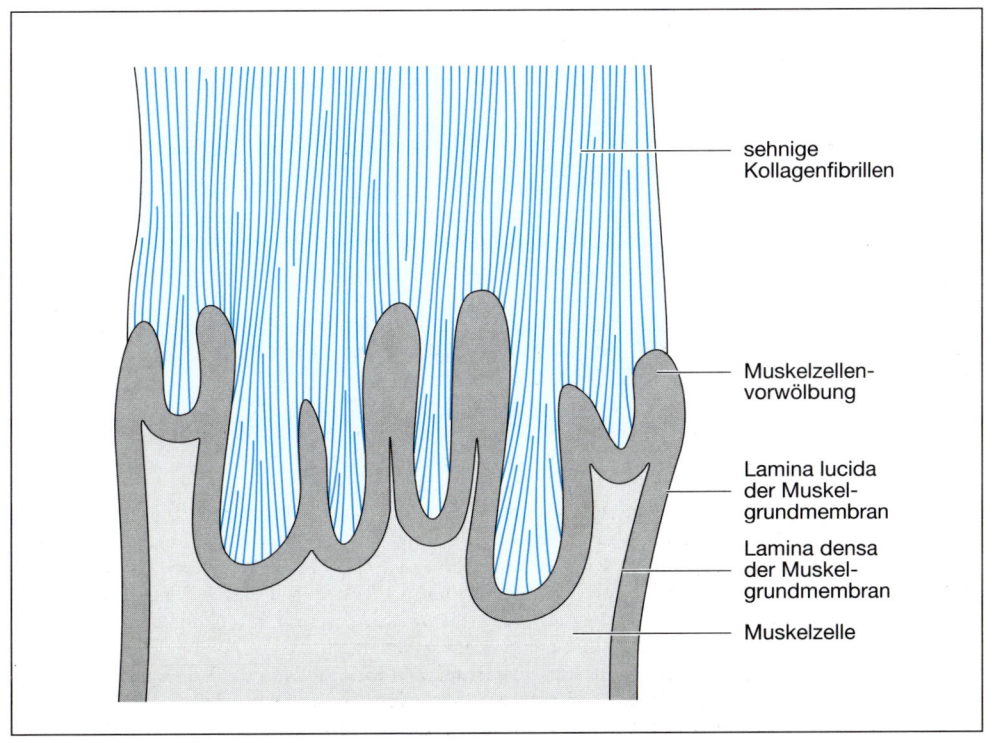

sehnige Kollagenfibrillen

Muskelzellenvorwölbung

Lamina lucida der Muskelgrundmembran

Lamina densa der Muskelgrundmembran

Muskelzelle

wo sie gekrümmt über Knochenvorsprünge verlaufen, sind diese zur Verminderung der Reibung von flüssigkeitsgefüllten Schläuchen, den sog. **Sehnenscheiden**, umgeben.

Bänder sind schwach durchblutete Bindegewebsstränge, die hauptsächlich der Stabilisierung von Gelenken dienen. Je nach ihrer spezifischen Aufgabe für ein Gelenk werden Verstärkungs-, Führungs- und Hemmungsbänder unterschieden (KAHLE et al. 1984, 26). **Verstärkungsbänder** sind fest mit der Gelenkkapsel verbunden. Sie unterstützen den Zusammenhalt des Gelenks. **Führungsbänder** halten Gelenkkopf und Gelenkpfanne während der Bewegung innerhalb der physiologischen Bewegungsachsen. Bewegungseinschränkungen, vor allem zum Schutz beteiligter Strukturen vor Überlastungen, werden durch **Hemmungsbänder** gewährleistet.

Dehnfähigkeit des Gewebes und Verhalten bei Längenänderung

Mechanische Eigenschaften

Die unterschiedlichen Gewebestrukturen des aktiven und passiven Bewegungsapparates zeigen ein jeweils spezifisches Verhalten bei Längenänderungen. Die kontraktilen Bestandteile der Muskulatur (die Myofibrillen) haben plastische Eigenschaften, d. h. die Aktin- und Myosinfilamente setzen einer von außen einwirkenden Kraft nahezu keinen Widerstand entgegen. Nach dem Ende der Dehnbelastung kehren die Filamente nur teilweise in ihre Ausgangsposition zurück. Es verbleibt ein Verformungsrückstand im Anschluss an eine Dehnung. Bindegewebige Strukturen im Muskel (zwischen den Muskelzellen) und das Sarkolemm sowie Sehnen und Bänder besitzen hingegen elastische Eigenschaften. Sehnen, Bänder und muskuläres Bindegewebe werden durch äußere Kräfte nur geringfügig verformt und nehmen ihre Ausgangslänge ohne Verzögerung wieder ein, wenn die verformende Kraft aufhört.

Ein Muskel kann bis zu 150 % seiner Ausgangslänge gedehnt werden. Bänder hingegen leiern infolge häufiger Dehnungsbelastungen aus oder sie reißen und verlieren somit ihre Stabilisierungsfunktion für die Gelenke. Sehnen übertragen Kräfte und sind mithin ebenfalls nur geringfügig dehnbar. Die Dehnfähigkeit einer Sehne beträgt etwa 7–8 %. Durch sportliches Training erhöht sich die Zugfestigkeit von Sehnen infolge häufiger Zugbelastungen. Sie werden dadurch dicker und ihr Wassergehalt sinkt, so dass bei Trainierten sogar noch leicht geringere Werte für die Dehnbarkeit der Sehnen festzustellen sind (TITTEL 2000, 25 f.). Die hohe Festigkeit bei nahezu fehlender Dehnbarkeit von Sehnen ist eine wesentliche funktionelle Voraussetzung der Bewegungsfähigkeit. Stark »dehnbare Sehnen« würden einen zielgerichteten Krafteinsatz (vor allem bei schnellen Bewegungen) nahezu unmöglich machen. Ein Beispiel soll diesen Umstand verdeutlichen:

Eine Person hat die Aufgabe, einen Eimer voll Sand vom Boden hochzuheben, darf dabei jedoch nicht den Griff des Eimers fassen, sondern ihre Hände sind über Seile mit dem Griff verbunden. Man stelle sich nun die Person als dasjenige Element einer Bewegungskette vor, welches Kraft entwickelt (normalerweise der Muskel).

Das Seil kann als kraftübertragendes Element (= Sehne) betrachtet werden. Das Gewicht repräsentiert den Knochen als zu bewegendes Endglied. Vorausgesetzt, das Seil ist stabil genug, verläuft die normale Bewegung in drei Phasen: In der ersten Phase spannt die Person durch eine initiale Bewegung das Seil. Als zweites muss (isometrisch) eine Kraft entwickelt werden, die dem Gewicht des Eimers entspricht. In der dritten Phase (nach Zugaufnahme und Kraftanstieg) wird der Eimer mit Hilfe des Seiles (Sehne) angehoben, wenn die Kraft der Person die Gewichtskraft übersteigt. Man führe nun dieses kleine Experiment ein zweites Mal durch und ersetze das Seil (als Äquivalent der kraftübertragenden Sehne in der Realbewegung) durch ein weiches, dehnbares Gummiband. Der Effekt tritt unmittelbar hervor. Trotz gleicher Kraft wird die Person nicht in der Lage sein, den Eimer anzuheben, weil die entwickelte Kraft nicht auf das am Boden stehende Gewicht übertragen wird, sondern nur die Dehnung des Gummibandes bewirkt. In gleicher Weise würden dehnbare Sehnen die sichtbare Wirkung innerer Kräfte absorbieren, d. h. Bewegung schlicht unmöglich machen.

In einem Muskelmodell ist die Verknüpfung von elastischen und plastischen Eigenschaften der Muskel-Sehnen-Einheit veranschaulicht (vgl. Abb. 18). Danach lassen sich kontraktile Bestandteile, parallelelastische und serienelastische Elemente differenzieren.

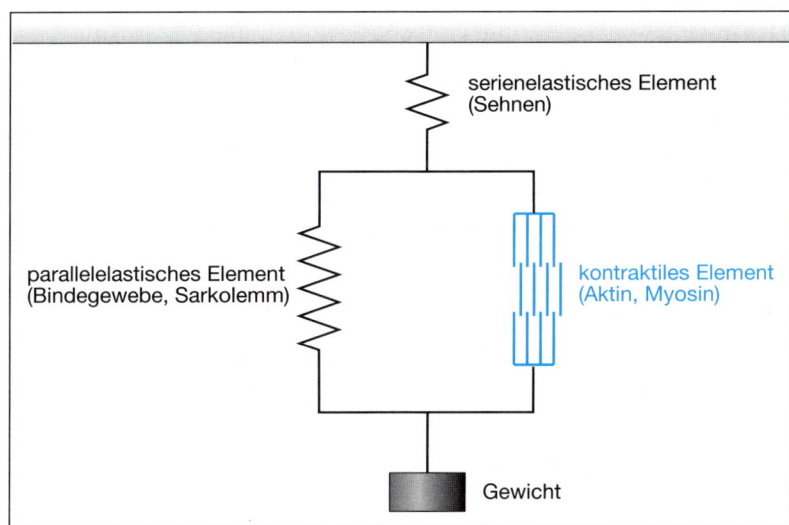

serienelastisches Element
(Sehnen)

parallelelastisches Element
(Bindegewebe, Sarkolemm)

kontraktiles Element
(Aktin, Myosin)

Gewicht

Abb. 18
Muskelmodell
(mod. nach DE
MARÉES 1981, 43)

Die kontraktilen Elemente bilden die Muskelzellen (bzw. Myofibrillen). Die parallelelastische Komponente ergibt sich aus den bindegewebigen Anteilen zwischen den Muskelzellen sowie dem Sarkolemm (Muskelhülle). Die Sehne fungiert in diesem Modell als serienelastisches Element.

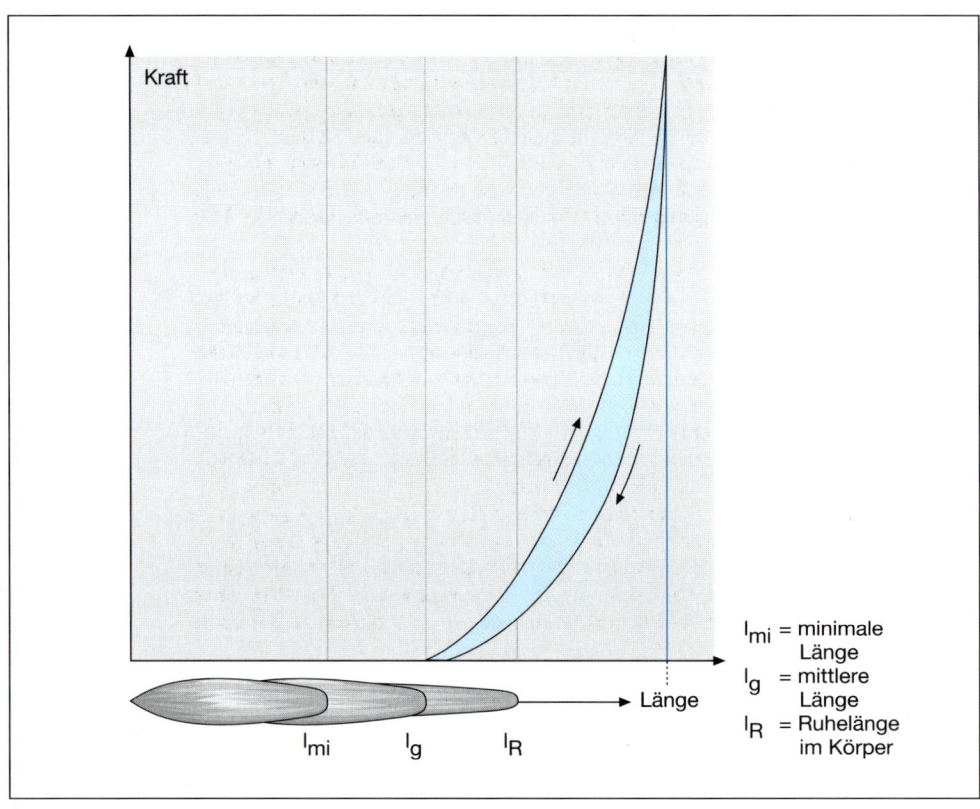

Abb. 19
Dehnungs-Spannungs-Diagramm eines Muskels (mod. nach STEGEMANN 1984, 10)

In Abbildung 19 ist ein Dehnungs-Spannungs-Diagramm eines Muskels dargestellt. Ein entspannter Muskel setzt einer beginnenden Dehnung zunächst keinen Widerstand entgegen (flacher Anfangsteil der Kurve). Die Myofibrillen gleiten auseinander und die bindegewebigen Anteile richten sich parallel aus, d. h. sie nehmen die Spannung (dem Verhalten der Sehne vergleichbar) auf.

Erst in den 80er Jahren ist es gelungen, neben den beschriebenen Aktin- und Myosinmolekülen einige weitere Proteinbestandteile der Muskulatur nachzuweisen. Das größte bisher isolierte Protein ist das sog. **Titin**, dem eine besondere Funktion bei der Dehnung der Muskulatur zukommt (BILLETER/HOPPELER 1994, 56 f.). Titinmoleküle sind längs zum Myosin verlaufende Verbindungen zwischen den Sarkomerrändern (Z-Scheiben) und der Sarkomermitte (M-Scheibe). In seiner Funktion hält das Titin die Myosinmoleküle in der Mitte zwischen den Z-Scheiben und verhindert ein Ausbrechen des Myosins aus der parallelen Struktur, wenn bei extremer Dehnung nahezu keine Überlappung von Aktin und Myosin mehr vorhanden ist. Bei Entdehnung ist dann das Titin mit dafür verantwortlich, das Sarkomer wieder in seine Ruhelänge zu bringen, indem es die Z- und M-Scheiben ähnlich einer Feder wieder einander annähert. Zu Beginn einer Dehnung bewirken somit relativ geringe Zugspannungen deutliche Längenänderungen. Mit zunehmender Dehnung setzen dann die parallelelastischen bindegewebigen Bestandteile des Muskels der Längenänderung einen exponentiell ansteigenden Widerstand entgegen (steiler zweiter Abschnitt der Kurve). Demnach steigt die aufzuwendende Kraft zur Erzielung einer gegebenen Längenänderung bei fortschreitender Dehnung des Muskels überproportional stark an.

Neben dem zunehmenden Widerstand, den ein Muskel einer fortschreitenden Dehnung entgegensetzt, zeigt der Kurvenverlauf, dass ein gedehnter Muskel bei Entdehnung nicht in seine ursprüngliche Ausgangslänge zurückkehrt. Es verbleibt ein gewisser Dehnungsrückstand in der entdehnten Muskulatur. Die Beziehung zwischen Kraft und Längenänderung ist bei Dehnung und Entdehnung des Muskels nicht identisch. Diese Differenz zwischen Dehnungs- und Entdehnungskurve (die Fläche zwischen beiden Kennlinien) wird als **Hysterese** bezeichnet (SCHÖNTHALER et al. 1998, 227). Das unterschiedliche Verhalten der Muskulatur bei Dehnung und Entdehnung resultiert aus Reibungsverlusten in der Phase der Entdehnung.

Sehnen zeigen gemäß ihrer oben beschriebenen Funktion ein anderes Verhalten bei Dehnung als die Muskulatur. Dabei sind zum einen das Spannungsverhalten der Sehnen bei einmaliger Dehnung und zum anderen die Anpassung des Sehnenmaterials an lang andauernde Dehnbelastungen zu unterscheiden. Das Dehnungs-Spannungs-Diagramm einer Sehne zeigt folgenden, in Abbildung 20 schematisierten Verlauf:

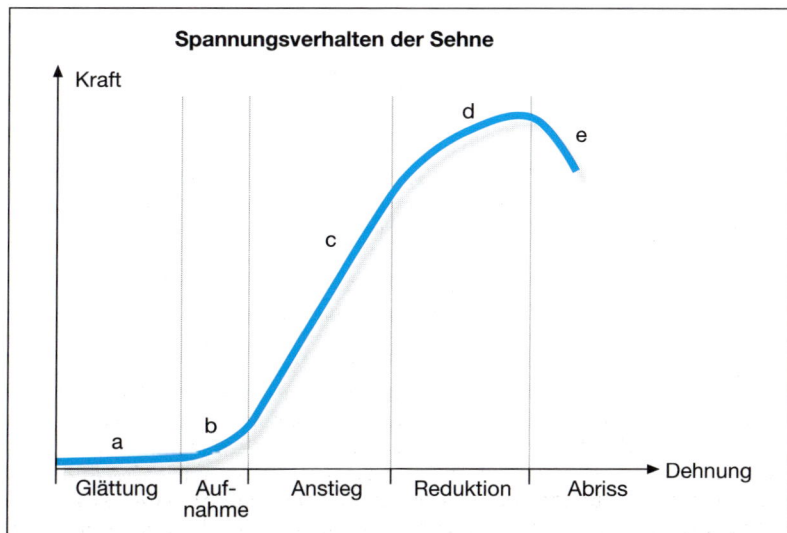

Abb. 20
Dehnungs-Spannungs-Diagramm einer Sehne (mod. nach VIIDIK 1968, zitiert bei ULLRICH/GOLLHOFER 1994, 337)

Der Dehnungsverlauf einer Sehne zeigt die dargestellten charakteristischen Phasen. Wie bereits an anderer Stelle beschrieben, verlaufen Sehnen im unbelasteten Zustand leicht wellig. Eine Glättung der welligen Struktur (1. Phase) geht daher der Aufnahme der Zugspannung voraus. Dieser 2. Phase, einer langsamen Spannungsaufnahme, folgt ein nahezu linearer Anstieg der Spannung. Dieser Verlauf flacht bei zunehmender Spannung dann zunächst ab (3. Phase), um schließlich bei einem Überschreiten der tolerierbaren Belastung zur irreversiblen Schädigung und zu einem Zerreißen der Sehnenstruktur zu führen.

Wird eine Sehne gedehnt und dann über einen größeren Zeitraum im verlängerten Zustand gehalten, zeigen sich zwei charakteristische Effekte: Zum einen nimmt die zunächst stark ansteigende Sehnenspannung (s. o.) mit zunehmender Dauer wieder ab. Dieses Phänomen der abnehmenden Spannung bei lang anhaltender konstanter Dehnung einer Sehne wird als **längenkonstante Relaxation** bezeichnet (FUNG 1981, zit. nach ULLRICH/GOLLHOFER 1994, 337). Ein zweites Phänomen wird in sog. Kriech-Tests (creeping) nachgewiesen. Dabei zeigt sich, dass die kollagenen Strukturen der Sehnen, wenn sie langsam gedehnt und dann einige Zeit unter konstanter Spannung gehalten werden, länger werden. Diese Längenzunahme infolge lang anhaltender Dehnung bildet sich nur sehr langsam zurück. Der Nachwirkeffekt einer Dehnung wird dementsprechend auch als **creeping-Phänomen** (ULLRICH/GOLLHOFER 1994, 337) bezeichnet. Diese Zusammenhänge begründen den Umstand, dass positive Effekte eines Beweglichkeitstrainings auf Sehnen und auf die bindegewebigen Strukturen der Skelettmuskulatur sehr lange Trainingszeiträume von etwa 2–6 Monaten beanspruchen.

Neuromuskuläre Prozesse bei Dehnung

Das Verhalten des motorischen Systems bei Dehnung wird nicht allein von den mechanischen Bedingungen der beteiligten Gewebe bestimmt. Zusätzlich werden Veränderungen der Muskellänge sowie die auf die Sehnen übertragene Zugspannung über spezielle Sensoren erfasst und dem Zentralnervensystem übermittelt. Innerhalb der Muskulatur befinden sich die sog. *Muskelspindeln*, ein längensensibles Kontrollsystem. In den Sehnen wird die Stärke und Veränderung der Spannung von den sog. *Golgi-Organen* (synonym: Sehnenorgane) erfasst. Die beiden Sensoren werden im Folgenden in ihrem Aufbau und ihrer Funktion beschrieben.

Muskelspindeln

Bau und Funktion

Die Skelettmuskulatur enthält neben den kontraktilen Elementen, den sog. *extrafusalen Fasern*, auch parallel angeordnete Bündel aus dünneren kurzen quergestreiften Fasern, die von einer bindegewebigen Hülle umschlossen sind, die Muskelspindeln. Da die Fasern der Spindeln eine zusätzliche aus Bindegewebe bestehende Ummantelung besitzen, werden sie auch als *intrafusale Fasern* bezeichnet. Die Muskelspindeln sind an beiden Enden des Perimysiums (Bindegewebshülle der Muskelfaserbündel) mit Bindegewebszügen verwachsen. Die Anzahl der Spindeln schwankt zwischen 40 und 500 pro Muskel, wobei die kleineren

Muskeln für überwiegend fein koordinierte Bewegungsabläufe eine höhere Spindeldichte aufweisen (BIRBAUMER/SCHMIDT 1991, 286). Abbildung 21 zeigt den schematischen Aufbau einer Muskelspindel. Die intrafusalen Fasern der Spindeln sind in ihren Endabschnitten kontraktil, während ein *dehnungsempfindlicher Rezeptor* (sog. Dilatorezeptor) das nicht kontraktile Mittelstück bildet. Durch die parallele Anordnung und ihre Verbindung zu den kontraktilen extrafusalen Fasern vollziehen die Muskelspindeln jede Änderung der Länge des Muskels mit. Diese Veränderungen werden dann über afferente (zum Zentralnervensystem laufende) Nerven den motorischen Steuerzentralen gemeldet. Das Nervensystem seinerseits sendet über efferente Nervenbahnen Impulse zu den Spindeln.

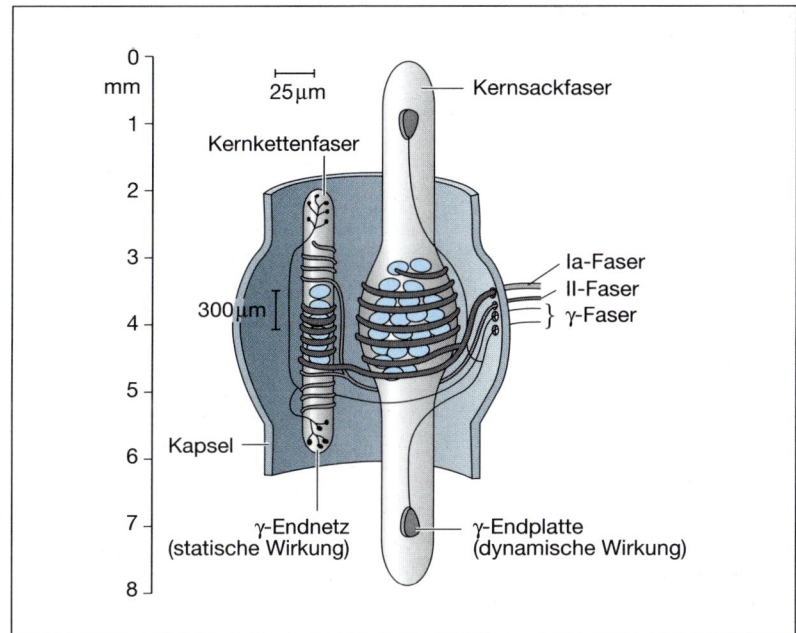

Abb. 21
Schematischer Aufbau einer Muskelspindel (nach BIRBAUMER/SCHMIDT 1991, 285)

Über die ständige Information bezüglich der Länge des Muskels und deren Änderung sind die Spindeln maßgeblich an der Regulation der muskulären Grundspannung (**Tonus**) beteiligt. Jede Dehnung der Muskelfasern bewirkt eine simultane Verlängerung der Spindeln mit den entsprechenden afferenten Impulsen. Bei Kontraktion der extrafusalen Fasern entspannen sich die Muskelspindeln.

Afferente und efferente Innervation der Muskelspindeln
Die afferente Innervation der Muskelspindeln erfolgt über die *primär sensiblen Endigungen* (sog. Ia-Fasern) und die *sekundären Muskelspindelendigungen* (sog.

53

Gruppe-II-Fasern). Diese Nervenfasern wickeln sich mehrmals um das Zentrum einer Muskelspindel. Während die Ia-Fasern dynamische Änderungen der Muskellänge und statische Dehnbelastungen verarbeiten und weiterleiten, sind die Gruppe-II-Fasern ausschließlich an der Registrierung statischer Dehnungsreize beteiligt. Mit den sog. *Gamma-Fasern* besitzen die Muskelspindeln eine eigene motorische Erregungsleitung (*Fusiomotorische Innervation*). Die dickeren extrafusalen Fasern werden wie bereits beschrieben von den Alpha-Motoneuronen innerviert. Ein Gamma-Motoneuron versorgt mehrere intrafusale Fasern in unterschiedlichen Spindeln eines Muskels, vergleichbar der Innervation der extrafusalen Fasern durch die Alpha-Motoneurone (HAASE 1976, 120). Über die miteinander verbundenen neuronalen Mechanismen der Muskelspindeln werden unterschiedliche Reflexe ausgelöst, die jeweils spezifische Funktionen für die Haltung und Bewegung sowie die Regulierung der Muskellänge und -spannung innehaben. Diese unterschiedlichen Reflexmechanismen werden im Folgenden kurz überblicksartig dargestellt.

Dehnungsreflex zur Kontrolle der Muskellänge

Die Hauptfunktion des **monosynaptischen Dehnungsreflexes** zur Regulierung und Kontrolle der Muskellänge besteht in der Aufrechterhaltung eines optimalen Haltetonus der Stützmuskulatur. Hierbei wird eine Dehnung der Muskulatur reflektorisch mit einer der Dehnung entgegenwirkenden Kontraktion beantwortet. Eine Dehnung der extrafusalen Fasern wird von den Muskelspindeln registriert und über afferente Impulse zum Rückenmark weitergeleitet. Von hieraus erfolgt dann ohne den Umweg über bewusstseinsfähige motorische Areale im Großhirn (also reflexartig) eine Innervation der extrafusalen Fasern durch die Alpha-Motoneurone. Diese Innervation bewirkt dann die Kontraktion der Muskelfasern und gleicht so die anfängliche Dehnung wieder aus. Da bei diesen Dehnreflexen sowohl der Rezeptor (Muskelspindeln) als auch der Effektor (extrafusale Fasern) im gleichen Organ, dem betreffenden Skelettmuskel, liegt, wird dieser Mechanismus auch als **Eigenreflex** bezeichnet. Die Stärke der Spindelerregung, die sich in der Frequenz der Nervenimpulse ausdrückt, hängt von zwei Faktoren ab, dem Umfang der Dehnung (Längenzunahme) und der Dehnungsgeschwindigkeit (Längenänderung pro Zeiteinheit). Sowohl eine extreme Längenänderung als auch eine schnelle Dehnung der Muskulatur führen zu besonders starken Reflexantworten.

Dehnungsreflex durch intrafusale Kontraktion

Bei den beschriebenen Dehnungsreflexen reagieren die längensensiblen Muskelspindeln auf eine Dehnung der extrafusalen Muskelfasern und regeln die Muskellänge reflektorisch nach. Eine Änderung der Muskellänge kann noch auf einem zweiten Weg ausgelöst werden. Hierbei ist die Kontraktion der intrafusalen Fasern der Spindeln über die fusiomotorische Innervation der Gamma-Motoneurone der Ausgangspunkt. Bei diesem Vorgang wird die Muskellänge an die Sollwertvorgabe durch die Muskelspindeln angepasst. Dadurch wird das Gleichgewicht zwischen extra- und intrafusaler Faserlänge neu eingestellt, d. h. die Sensibilität der Muskelspindeln für Längenänderungen wird verändert. Dieser Mechanismus der Auslösung einer Kontraktion durch Erregung der Gamma-Motoneurone und Verkürzung der intrafusalen Fasern wird auch als **Gamma-Spindel-Schleife** bezeichnet.

Alpha-Gamma-Koaktivierung

Bei motorischen Abläufen erfolgt keine isolierte Einstellung der Muskellänge nur über die Alpha- oder die Gamma-Motoneurone, sondern beide Systeme sind hierbei gekoppelt. Unklarheit besteht jedoch noch darüber, ob beide Systeme gleichzeitig aktiviert werden oder ob die Gamma-Spindel-Schleife schon aufgrund ihrer geringeren Nervenleitgeschwindigkeit zeitverzögert einsetzt. Vermutlich unterstützen die Gamma-Motoneurone die Alpha-Motoneurone mit dem Ziel, die Längenkontrolle des Muskels auch während der Kontraktion zu gewährleisten und darüber hinaus den Messbereich der Spindeln immer in einem optimalen Regelungsbereich zu halten.

Reziproke Hemmung

Bei einer reziproken Hemmung bewirken die Ia-Afferenzen eines Muskels die Einschränkung der Innervation des Antagonisten durch seine Motoneurone. Die reziproke Hemmung wird daher auch häufig als *antagonistische Hemmung* oder *Antagonistenhemmung* bezeichnet. In ihrer Funktion unterstützt die reziproke Hemmung die Kontraktion des Agonisten, da der am selben Gelenk angreifende Antagonist zugleich gehemmt wird. So kann über diesen Mechanismus beispielsweise die Streckmuskulatur an einem Gelenk gehemmt werden, um die Aktivität der Beugemuskulatur bei verringerter Gegenspannung durch den Strecker ablaufen zu lassen.

Golgi-Sehnenorgane

Bau und Funktion

Neben den parallel zur Muskelfaser verlaufenden Längensensoren verfügt der Bewegungsapparat über spannungssensible Sensoren, die in Serie zum Muskel angelegt sind, den Golgi-Sehnenorganen (synonym: Sehnenorgane). Sie werden gebildet von etwa zehn extrafusalen Fasern (BIRBAUMER/SCHMIDT 1991, 285). Diese befinden sich überwiegend nahe dem Muskel-Sehnen-Übergang und sind jeweils von einer bindegewebigen Kapsel umhüllt. Die Sehnenorgane werden von afferenten Nervenfasern, den Ib-Fasern, versorgt. In ihrer Funktion sind die Golgi-Sehnenorgane Spannungsrezeptoren, die bei passiver Dehnung und aktiver Kontraktion des Muskels aktiviert werden. Die Reizschwelle der Sehnenorgane liegt deutlich über der der Muskelspindeln, so dass sie erst bei starker Dehnung oder Kontraktion ansprechen. Eine Erregung der Golgi-Sehnenorgane führt zur Hemmung der Alpha-Motoneurone des betreffenden Muskels. Die Sehnenorgane wirken auf die Muskel-Sehnen-Einheit, in der sie liegen. Der zugehörige Prozess wird daher als **Eigenhemmung** oder **autogene Hemmung** bezeichnet. In erster Linie wird hiermit ein Schutz des Muskels sowie der Sehne vor Überlastung durch eine zu starke Spannungszunahme gewährleistet.

Während sich das Längenkontrollsystem der Muskelspindeln ausschließlich auf die Vorgänge im betreffenden Muskel auswirkt, sind die Golgi-Sehnenorgane über Ib-Afferenzen zusätzlich mit anderen Muskeln verbunden und steuern auf diese Weise den muskulären Tonus einer gesamten Extremität bzw. mehrerer an einem Gelenk ansetzenden Muskeln und haben somit eine weitergehende Funktion für die intermuskuläre Steuerung der Haltung und Bewegung.

Leistungsbeeinflussende Größen

Alter

Die Beweglichkeit ist diejenige motorische Fähigkeit, die bereits im Kindesalter ihre maximale Ausprägung hat. Bereits im späten Schulkindalter und im Übergang zur Pubertät beginnt bei ausbleibender Beanspruchung das normale physiologische Maß der Beweglichkeit abzunehmen. Der Alterseinfluss auf die Beweglichkeit kann vor allem mit strukturellen Veränderungen der maßgeblichen Gewebeanteile des aktiven und passiven Bewegungsapparates in Verbindung gebracht werden.

Nach COTTA (1984, 151 ff.) lassen sich folgende für die Ausprägung der Beweglichkeit wichtigen Aspekte benennen: Mit zunehmendem Alter nimmt die Anzahl der Zellen und der Anteil elastischer Fasern in Sehnen, Bändern und Faszien ab. Zudem kommt es zu altersbedingten Verlusten von Mukopolysacchariden und Wasser. Die Abnahme der Zellzahl bewirkt eine Einschränkung der Syntheseleistungen des Gewebes, die einen belastungsbedingten Verschleiß molekularer Strukturen ausgleicht. Mukopolysaccharide bestimmen durch ihre Eigenschaft, Wasser zu binden, maßgeblich das mechanische Verhalten des Gewebes bei Dehnung. Ein Flüssigkeitsverlust geht mit einer Verfestigung der Gewebestrukturen einher. Dieser Effekt wird durch die natürliche altersbedingt einsetzende Wasserverarmung (ca. 10–15 %) begleitet.

Mit zunehmendem Alter setzen die unterschiedlichen Gewebeanteile daher einer Dehnung infolge ansteigender Festigkeit einen immer höheren Widerstand entgegen.

Geschlecht

In allen Alters- und Entwicklungsphasen – insbesondere nach dem Einsetzen der Pubertät – zeigt sich eine höhere allgemeine Beweglichkeitsleistung beim weiblichen Geschlecht. Als Grund hierfür sind Geschlechtsunterschiede des hormonellen Systems zu nennen. Der höhere Östrogenspiegel der Frau hat einen erhöhten prozentualen Fettgewebsanteil bei vermindertem Muskelanteil sowie die vermehrte Flüssigkeitsspeicherung zur Folge. Die sich aus diesen Faktoren ergebende geringere Gewebsdichte der Frau bewirkt eine größere Dehnfähigkeit der Gewebestrukturen, was sich in der im Vergleich zum Mann höheren Beweglichkeit widerspiegelt.

Tageszeit und Erwärmung

Sowohl die Tageszeit, als auch der Grad der individuellen körperlichen Vorbereitung können die Beweglichkeitsleistung in erheblichem Maße beeinflussen. Während die Aufenthalt im Freien bei niedrigen Temperaturen die Ausprägung der Beweglichkeit deutlich mindert, führt eine passive Erwärmung beispielsweise durch ein heißes Bad oder bei hohen Außentemperaturen bereits zu einer Erweiterung der Bewegungsamplitude.

Eine optimale Verbindung von Schnelligkeit, Technik und Beweglichkeit ist Voraussetzung für überdurchschnittliche Leistungen im leichtathletischen Hürdenlauf

Den nachhaltigsten positiven Effekt auf die Beweglichkeit hat eine aktive körperliche Aufwärmarbeit (z. B. durch Laufen und/oder gymnastische Übungen). Der Grund hierfür ist in der Tatsache zu sehen, dass zum einen alle Stoffwechselvorgänge unter erhöhter Temperatur schneller ablaufen und die Reibungswiderstände innerhalb der Muskulatur sowie im Gelenkbereich (durch die Synovialflüssigkeit) abnehmen.

In der tageszeitlichen Veränderung zeigt die Beweglichkeit eine mit physiologischen Parametern und anderen motorischen Fähigkeiten vergleichbare Rhythmik. Die Grade der Beweglichkeit sind am Morgen (9 Uhr) bei unterschiedlichen Bedingungen (ohne und mit Aufwärmen, nach einem Bad etc.) stets schlechter zu bewerten als die Vergleichswerte, die gegen 18 Uhr erhoben werden (GROSSER 1977, 41). Ebenso ist im Vergleich von 8 Uhr früh zu 12 Uhr Mittag eine erhebliche Differenz zugunsten der späteren Messung festgestellt worden (OSOLIN 1952, 150). Aus der tageszeitlichen Abhängigkeit und Variation der Beweglichkeit darf jedoch nicht zugleich auf eine mit der Uhrzeit sich verändernde Trainierbarkeit geschlossen werden. Die Effektivität eines Trainingsprogramms muss nicht aufgrund der ungünstigeren zeitlichen Ansetzung zwangsläufig gemindert sein. Konkrete empirische Befunde, die die eine oder andere Auslegung stützen, fehlen bislang.

In Tabelle 4 auf der folgenden Seite sind die Werte in der Testübung »Rumpfvorbeuge« für unterschiedliche Bedingungen und Tageszeiten aus der Studie von OSOLIN zusammengestellt (positive Werte zeigen hierbei eine bessere Beweglichkeitsleistung an).

57

Bedingungen			10 min mit freiem Oberkörper bei 10 °C	10 min in einem Bad von 40 °C	20-minütiges Aufwärmen	nach ermüdendem Training
	8 Uhr	12 Uhr	um 12 Uhr	um 12 Uhr	um 12 Uhr	um 12 Uhr
Testergebnis	– 15 mm	+ 35 mm	– 36 mm	+ 78 mm	+ 89 mm	– 35 mm

Tabelle 4
Beweglichkeit bei verschiedenen Ausgangsbedingungen (nach OSOLIN 1952, 150)

Ermüdung

Die im vorangegangenen Abschnitt aufgeführten Befunde von OSOLIN haben neben der tageszeitlichen auch die belastungsabhängige Veränderung der Beweglichkeit angedeutet. Danach nimmt bei den untersuchten Personen nach intensivem Training die Bewegungsamplitude deutlich ab (vgl. Tabelle 4). Die exakten Zusammenhänge zwischen körperlichen Beanspruchungen und resultierenden Veränderungen der Beweglichkeitsleistung sind (noch) nicht bekannt. Einen möglichen Erklärungsansatz liefern die biochemischen Prozesse nach intensiven Belastungen. Hohe anaerobe Trainingsbelastungen mit den entsprechenden metabolischen Rückständen (vor allem Laktat) führen zu einer verstärkten Wasseraufnahme der betroffenen Muskelzellen, um die normale Osmolarität aufrechtzuerhalten (MARTIN/BORRA 1983, 1211). Dieser Mechanismus bewirkt ein zeitweises Anschwellen der Zellkörper, in dessen Folge die Beweglichkeit eingeschränkt ist (»Belastungssteifheit«).

Weiterhin ist nach länger andauernder Belastung die Erregungsschwelle der Muskelspindeln herabgemindert (WEINECK 1996, 492). Schon bei geringfügiger Dehnung der Muskulatur wird die Dehnungshemmung über die Spindeln aktiviert. Zudem wird häufig ein »erhöhter Muskeltonus« als Folge intensiver muskulärer Beanspruchung angeführt, der durch Dehnübungen (z. B. im Rahmen des Abwärmens) abgebaut werden soll. Untersuchungen sowie Erfahrungen aus der therapeutischen Praxis belegen jedoch eher einen fehlenden Einfluss von Dehnübungen auf den Ruhetonus der Muskulatur (WIEMANN 1991; FREIWALD/ENGELHARDT 1996). Demnach vermindern intensive Trainingsbelastungen das aktuelle Maß der Beweglichkeit zeitweilig, wobei die genauen Ursachen und Wechselwirkungen zwischen Beweglichkeitsleistung und muskulärer Ermüdung noch nicht hinreichend erklärt werden können. Zu berücksichtigen sind wahrscheinlich auch psychische Beanspruchungsindikatoren, da anzunehmen ist, dass die »Bereitschaft« nach einem intensiven Training bei Dehnübungen erneut an die Belastungsgrenze (im Beweglichkeitstraining ist dies in der Regel auch die »Schmerzgrenze«) zu gehen, eingeschränkt ist.

Abgesehen vom Einsatz von Dehnungsübungen als Ergänzung der aktiven Regeneration (vgl. jedoch Kapitel 3) sollte ein Beweglichkeitstraining nur in nicht ermüdetem Zustand erfolgen, insbesondere wenn eine Steigerung der Bewegungsamplitude angestrebt wird.

Psychische Verfassung und Stressfaktoren

Auch unter Ruhebedingungen weist jeder Muskel einen spezifischen Spannungszustand auf. Dieser wird durch ununterbrochene Erregungs- und Hemmungsimpulse des zentralen Nervensystems aufrechterhalten bzw. verändert (MAEHL 1986 a, 32 f.). Der muskuläre Tonus und der aktuelle Grad der Dehnfähigkeit ganzer Muskelgruppen wird daher immer von psychischen Faktoren beeinflusst. Diese müssen dabei nicht unmittelbar mit der sportlichen Tätigkeit in Zusammenhang stehen, sondern können ebenso durch private oder berufliche Stressfaktoren hervorgerufen werden. Diese Wechselwirkung von psychischer Befindlichkeit und muskulärer Dehnfähigkeit ist ein Grund für die Verknüpfung von Methoden zur muskulären Entspannung und zu Muskeldehntechniken in vielen Trainingsanleitungen.

Gebrauch und Trainingszustand

Die zugleich wichtigste und alle anderen Faktoren »integrierende« leistungsbeeinflussende Größe der Beweglichkeit ist die aktuelle Beanspruchung bzw. der Gebrauch. In vielen Bereichen, wie etwa im Altersturnen, bei Gymnastinnen oder Akrobaten im fortgeschrittenen Alter, zeigt sich die weit über das normale Maß hinausgehende Beweglichkeit erwachsener Personen auf der Grundlage lebenslanger Aktivität. Auf der anderen Seite zeigen die bereits nach kurzer Zeit eintretenden Einschränkungen der Beweglichkeit, zum Beispiel nach Verletzungen oder lang andauernden »Zwangshaltungen« in unphysiologischen Positionen im Arbeitsleben, die rasch fortschreitende Immobilität von Gelenken durch ihren mangelnden Gebrauch.

Hochgradig im Bereich Beweglichkeit trainierte Personen sind auch unter den oben beschriebenen ungünstigen Bedingungen etwa einer frühen Tageszeit oder kalter Umgebungstemperatur zu außergewöhnlichen Beweglichkeitsleistungen (z. B. Spagat) in der Lage. Sowohl der Erhalt einer normalen Beweglichkeit in den großen Gelenken als auch ein mit fortschreitendem Alter sich nicht oder nur mäßig verringerndes Beweglichkeitsniveau setzen dehnende und mobilisierende Aktivitäten voraus. Nur regelmäßige, das physiologische Bewegungsmaß ausschöpfende Belastungen sind die Gewähr einer nicht zwangsläufig einsetzenden Einschränkung der Bewegungsfreiheit der Gelenke.

 Entwicklung und Training der Beweglichkeit

Altersabhängige Veränderung der Beweglichkeit

Auf die sich mit dem Alter verändernden Eigenschaften des aktiven und passiven Bewegungsapparates wurde bei der Besprechung der leistungsbeeinflussenden Größen eingegangen. Die auf das Lebensalter bezogenen Veränderungen der Steuerungs- und Funktionsprozesse menschlicher Haltung und Bewegung beschreiben die motorische Entwicklung (SINGER/BÖS 1994, 19).

Der Altersverlauf der Beweglichkeit zeichnet sich dabei durch einige Besonderheiten aus. Bereits im **Kleinkind-** (1–3 Jahre) und **Vorschulalter** (3–7 Jahre) erreicht die Beweglichkeit ihre maximale Ausprägung. Dies betrifft aber nicht alle Bewegungsmöglichkeiten in gleicher Weise. Kleinkinder weisen zwar eine außerordentliche Beugefähigkeit in allen Gelenken auf, dem steht jedoch eine zum Teil nur geringe Streckfähigkeit gegenüber (WINTER 1998, 260). Im **Schulkindalter** bildet sich dann schließlich auch die Streckfähigkeit in den meisten Gelenken bis zu maximalen Werten heraus.

Wenn systematische Übungsprozesse und Trainingsreize ausbleiben, d. h. das Bewegungsausmaß der Gelenke nicht regelmäßig in seinem gesamten Umfang ausgenutzt wird, verringert sich die maximal mögliche Amplitude schon ab dem Ende des Kindes- und dem Beginn des **Jugendalters**. Der Prozess einer abnehmenden Beweglichkeit setzt sich im frühen **Erwachsenenalter** fort, um sich dann vor allem infolge der beschriebenen biologischen Veränderungen der Strukturen des Bewegungsapparates im mittleren und hohen Erwachsenenalter sogar noch zu verstärken. Frauen zeigen dabei über die gesamte Lebensspanne in nahezu allen Gelenken höhere Beweglichkeitsleistungen als Männer.

Das Maß der Abnahme der Beweglichkeit mit **fortschreitendem Alter** ist für die verschiedenen Gelenksysteme sehr unterschiedlich. In den Gelenken der oberen Extremitäten bleibt mit zunehmendem Alter ein höherer Anteil der Beweglichkeit erhalten. Die maximalen Bewegungsamplituden in den Fuß-, Knie- und Hüftgelenken nehmen demgegenüber deutlicher ab. Dieser Umstand wird auf die stärkere Alltagsbeanspruchung (in Bezug auf die Beweglichkeit) der Gelenke von Händen, Armen und Schultern zurückgeführt (BELL/HOSHIZAKI 1981).

Überdies zeigen die altersbezogenen Veränderungen der Beweglichkeit auch für einzelne Gelenke keine einheitlichen Verläufe (vgl. Abb. 22 auf S. 61). Die Veränderungen der Beweglichkeitsleistungen sind auch hier vor allem auf das Maß der Beanspruchung zurückzuführen. Ein regelmäßiges systematisches Training kann zum einen den altersbedingten Rückgang der allgemeinen Beweglichkeit hinauszögern und zum anderen durch spezielle Übungsformen eine Zunahme der spezifischen Beweglichkeit ermöglichen. Mehrere Untersuchungen haben nachgewiesen, dass Erwachsene, auch wenn sie regelmäßig Sport treiben, eine deutliche Verschlechterung der Beweglichkeit aufweisen, wenn keine Dehnübungen in

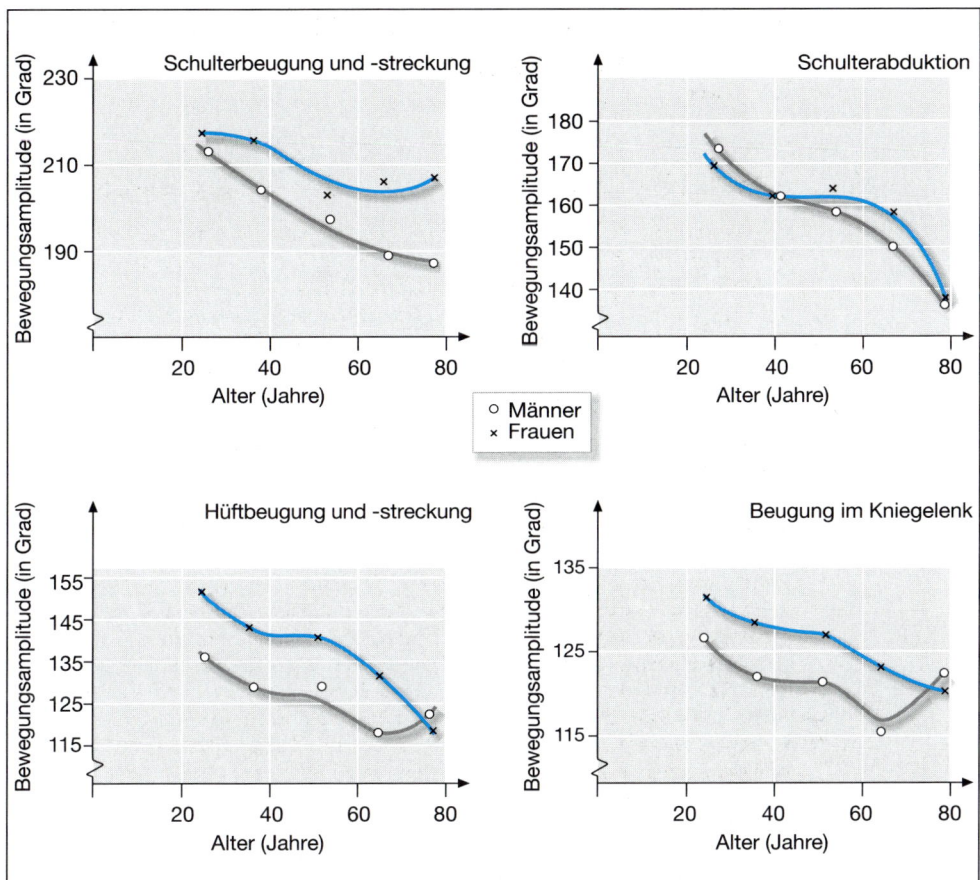

das Trainingsprogramm integriert sind (z. B. HARDY 1985, 113; ETNYRE/LEE 1988, 226).

Demnach lässt sich zusammenfassend feststellen, dass die allgemeine Beweglichkeit bereits im Übergang vom Kindes- zum Jugendalter eine Abnahme erfährt, die sich im Altersverlauf noch beschleunigt. Das Maß des Rückgangs wird dabei wesentlich durch die Art und den Umfang der Beanspruchung bestimmt. Frauen sind über die gesamte Altersspanne beweglicher als Männer, wofür neben den hormonellen Einflüssen auch günstigere konstitutionelle Voraussetzungen verantwortlich sein könnten (WILLIMCZIK/ROTH 1983, 292). Männer und Frauen weisen jedoch eine vergleichbare altersbedingte Abnahme der maximalen Bewegungsamplituden auf. Die Leistungswerte auf verschiedenen Altersstufen sind ebenfalls sehr stark

Abb. 22
Veränderung der statischen Beweglichkeit in verschiedenen Gelenkbereichen im Alter von 20–80 Jahren (nach BELL/HOSHIZAKI 1981)

von den jeweiligen Aktivitäten und dem Trainingszustand einer Person abhängig. Mit zunehmendem Alter erhöhen sich die interindividuellen Differenzen der Beweglichkeitsleistungen. Diese hohe Variation der individuellen Beweglichkeit ist ein zusätzlicher Hinweis auf die herausragende Bedeutung der Übungs- und Trainingsprozesse für das aktuelle Leistungsniveau vor allem im Erwachsenenalter. Im Folgenden wird kurz auf die Besonderheiten der Beweglichkeit in den verschiedenen Altersbereichen eingegangen.

Beweglichkeit im Kindesalter

Der Bewegungsapparat von Kindern bietet durch seine hohen Flüssigkeits- und geringen Kollagenanteile einerseits günstige Voraussetzungen für hohe Beweglichkeitsleistungen. Andererseits sollte vor Aufnahme eines Beweglichkeitstrainings mit Kindern die Notwendigkeit dieser Trainingsart hinterfragt werden. Im Vorschulalter ist aufgrund der vorliegenden sehr hohen allgemeinen Beweglichkeit keine besondere Beweglichkeitsschulung notwendig. Das alltägliche Bewegungs- und Spielverhalten der Kinder bietet in aller Regel ausreichende Reize zur Erhaltung dieser natürlichen Beweglichkeit.

Im frühen Schulkindalter (7–10 Jahre) zeigen sich bereits erste gegenläufige Tendenzen im Entwicklungsverlauf[1]. Die Wirbelsäule weist nach Angaben von FOMIN und FILIN (1975) mit etwa 8–9 Jahren ihre natürliche maximale Beweglichkeit auf. Demgegenüber nehmen die rückwärts gerichtete Bewegungsmöglichkeit im Schultergelenk sowie die Spreizfähigkeit im Hüftgelenk häufig schon ab (WINTER 1998, 283). In Sportarten, die insbesondere in diesen Bereichen große Bewegungsamplituden erfordern (z. B. Turnen oder Schwimmen), sind daher bereits spezielle Übungen zur Beweglichmachung notwendig. Im späten Schulkindalter zeigen mehrere Gelenkbereiche bereits ein im Vergleich zum frühen Schulkindalter reduziertes Bewegungsausmaß. Insbesondere in Gelenken, die im Alltag wenig beansprucht werden, sind Einschränkungen der Bewegungsfähigkeit festzustellen (GASCHLER/HEINECKE 1990, 382).

Eine Schulung der Beweglichkeit folgt im Kindesalter nicht den Grundsätzen für das Training von Jugendlichen und Erwachsenen. Der **ausgeprägte Bewegungsdrang von Kindern** diesen Alters lässt langwierige Dehnprozeduren in der zu fordernden Sorgfalt der Bewegungsausführung häufig nicht zu. Dynamische Übungen in Verbindung mit spielerischen Vermittlungsformen sind daher für eine allgemeine Beweglichmachung noch ausreichend (MARKMANN/ZAHNER 1997). Bei intensiveren Dehnbelastungen ist der aktiven Dehnung eindeutig der Vorrang vor passiven Übungsformen einzuräumen. Kindern fehlt häufig die nötige Differenzierungsfähigkeit, die eine exakte Dosierung passiver Beweglichmachung durch Partnerhilfe voraussetzt. Die Gefahr von – wenn auch unbeabsichtigt und im Spaß erfolgter – Schädigung der Strukturen vor allem des passiven Bewegungsapparates überwiegt einen möglichen Nutzen bei weitem.

---

[1] Die häufig angeführte Annahme »gegenläufiger Tendenzen« und »widersprüchlicher Entwicklungen« wird jedoch kontrovers diskutiert und nicht durch sämtliche Untersuchungsergebnisse eindeutig belegt (vgl. Überblick bei GASCHLER 1994).

Der Überlastungsaspekt von Beweglichkeitsübungen bei Kindern ist noch unter einem zweiten Gesichtspunkt zu sehen. Kinder verfügen im frühen Schulalter noch nicht über ein ausreichendes Maß an motorischer Kraft, um die Gelenke optimal zu stabilisieren. Bei intensiven Dehnungsbelastungen ist der Übergang von einer guten Beweglichkeit zu instabilen Gelenken fließend. Allgemeine Beweglichmachung und Kräftigung sind insbesondere in diesem Altersbereich sehr eng verknüpft und wechselseitig aufeinander bezogen. Neben dem breiten Raum für ein (auch spielerisches) Heranführen an ein gezieltes Beweglichkeitstraining sollte der Schwerpunkt auf eine abwechslungsreiche und vielseitige Ausbildung gelegt werden (ALBRECHT et al. 1999, 154 f.). Nicht ein Standardrepertoire von wenigen Übungen, sondern mehrere Formen für jedes einbezogene Gelenk sowie der Wechsel von dynamischen und statischen Formen bieten genügend Ansatzpunkte. Ein Einsatz gezielter Beweglichkeitsübungen für spezifische Gelenke erfolgt bei Kindern zudem nicht in erster Linie unter dem Aspekt einer Vergrößerung der Bewegungsamplitude, sondern im Sinne eines Lerntrainings mit dem Ziel, die korrekten Übungsausführungen zu schulen und die zumeist vorliegenden guten Bewegungsmöglichkeiten der vorangegangenen Altersstufe zu erhalten. Insbesondere zu Beginn eines Trainings sind Trainingseffekte im Bereich der Beweglichkeit unter anderem eine Folge koordinativer Anpassungen. Die Intensität der Dehnung steht auch von daher zunächst hinter der exakten Bewegungsausführung zurück.

Beweglichkeit im Jugendalter

Die Beweglichkeit nimmt im Jugendalter in den Gelenken zu, in denen systematische Trainingsreize erfolgen. Nicht beanspruchte Bereiche zeigen hingegen einen nachlassenden Bewegungsspielraum. Diese extreme Abhängigkeit der Beweglichkeit vom Beanspruchungsgrad birgt die Gefahr einer Ausbildung von deutlichen Ungleichgewichten zwischen einzelnen Körperregionen durch einseitige spezifische Dehnbeanspruchungen in sich. Im Jugendalter ist daher eine gezielte Dehnung vor allem auch der Muskelgruppen, die nicht sportartspezifisch belastet werden, im Trainingsprozess zu berücksichtigen.

In der ersten **puberalen Phase** (Pubeszenz) wird häufig eine Verringerung der Beweglichkeit aufgrund des beschleunigten Längenwachstums konstatiert. Die beträchtlichen Verschiebungen der Körperproportionen erschweren jedoch den eindeutigen Nachweis einer solchen Verringerung (ALBRECHT et al. 1999, 148). Bei regelmäßiger Beanspruchung durch ein systematisches Beweglichkeitstraining stellen sich Verbesserungen der Beweglichkeit auch in diesem Altersabschnitt ein. Die geringere Überlastungstoleranz passiver Strukturen (»Mark-Jansen-Gesetz«, vgl. Kapitel 1) macht in diesem Altersbereich (ca. 11–14 Jahre) eine besonders sorgfältige Auswahl und Anwendung der Inhalte des Beweglichkeitstrainings erforderlich. Insbesondere die passiv-dynamische Einnahme extremer Gelenkwinkel sollte vermieden werden. Stattdessen nehmen aktiv-statische Übungselemente einen größeren Raum ein. Ebenso können dynamische Übungsformen in langsamer Bewegungsausführung (z. B. als »Zeitlupenbewegung«), eventuell verbunden mit einem Halten in der Endstellung, insbesondere die disziplinspezifische Be-

63

weglichkeitsschulung altersgerecht ergänzen. Neben einem sportartbezogenen speziellen Training ist dabei auch die Aufrechterhaltung einer guten allgemeinen Beweglichkeit bedeutsam.

Während die Aufgabenstellung sich in der anschließenden Phase der **Adoleszenz** nicht wesentlich verändert, erlaubt die zunehmende Belastbarkeit in Verbindung mit der wachsenden Eigenständigkeit der Jugendlichen im Trainingsprozess auch die Berücksichtigung passiver Dehnbelastungen. Zudem nimmt die Beweglichkeit mit der höheren Belastungsverträglichkeit einen breiteren Raum im Training ein. Orientiert an den sportartspezifischen Erfordernissen und unter Berücksichtigung persönlicher Stärken und Schwächen sollte das Beweglichkeitstraining jetzt auch zunehmend individualisiert werden. Für das gesamte Jugendalter ist jedoch auf die Ausbildung einer optimalen und nicht maximalen Bewegungsamplitude in den Gelenken zu orientieren. Die Beweglichmachung ist dabei durch eine gezielte Kräftigung der beteiligten Muskulatur zu ergänzen, um neben einer guten Mobilität auch die ausreichende Stabilität der Gelenke zu sichern.

Beweglichkeit im Erwachsenenalter

Aufgrund der biologischen Alternsprozesse der Strukturen des aktiven und passiven Bewegungsapparates kommt es im Erwachsenenalter zu teilweise erheblichen Reduktionen der Bewegungsamplituden in den meisten Gelenken des Körpers. Passive Beugehaltungen, oft über Stunden im beruflichen Alltag, und zusätzlich fehlende Beweglichkeitsanforderungen durch bewegungsarme Freizeitaktivitäten können den biologisch bedingten Abbau der Bewegungsmöglichkeiten noch forcieren. Bereits der Erhalt einer ausreichenden, physiologisch normalen Beweglichkeit erfordert schon beim jungen Erwachsenen gezielte Trainingsmaßnahmen. Die Häufigkeit der Situationen in Alltag und Freizeit, in denen Erwachsene das volle Maß der Bewegungsfähigkeit in unterschiedlichen Gelenken ausschöpfen, reicht nicht aus, um einem Abbau der Beweglichkeit entgegenzuwirken. Selbst bei sportlich aktiven Erwachsenen ist häufig ein Rückgang der Beweglichkeit zu beobachten, da im Freizeit- und Breitensport ein systematisches umfassendes Beweglichkeitstraining nur in seltenen Fällen berücksichtigt wird. Die Verbesserung und der Erhalt einer optimalen Beweglichkeit ist kein Nebenprodukt allgemeiner sportlicher Aktivität, sondern muss mittels spezifischer Trainings- und Übungsformen erfolgen (vgl. dazu die Kapitel 4 und 6).

Neben dem Erhalt der physiologischen Beweglichkeit kommt einer regelmäßigen Durchführung dehnender und mobilisierender Übungen des Weiteren eine große Bedeutung für den Schutz der Gelenke vor degenerativen Verschleißerscheinungen zu. Die ausreichende Versorgung der Gelenkstrukturen mit Nährstoffen ist auf die regelmäßige Mobilisierung angewiesen, da nur im aktiven Gelenk eine vermehrte Durchblutung und Produktion der Synovialflüssigkeit diese Stoffwechselprozesse gewährleistet. Bei funktioneller, dass ganze Bewegungsmaß ausschöpfender Beanspruchung bleibt die Beweglichkeit in den einbezogenen Gelenken bis etwa in die sechste Lebensdekade hinein auf einem relativ guten Niveau erhalten (EHRLER/BARTEL 1990). Ein systematische Training kann die Funktionsfähigkeit der Gelenke wiederherstellen, stabilisieren und verbessern.

Beweglichkeit im höheren Lebensalter

Jenseits des 60. Lebensjahres ist die Beweglichkeit von Muskeln, Bändern, Sehnen und Gelenken durch geringere sportlich-motorische Aktivitäten in Verbindung mit den fortschreitenden Verfestigungsprozessen des Bewegungsapparates oft erheblich eingeschränkt. Diese Abnahme ist durch Übungs- und Trainingsprozesse nur bedingt kompensierbar. Eine regelmäßige Beanspruchung der Gelenke unter Ausnutzung des vollen Bewegungsausmaßes wird dann auch unter dem Gesichtspunkt einer bis ins hohe Alter zu erhaltenden selbständigen Alltagsbewältigung zunehmend bedeutsam (GASCHLER 1994, 188). Beim älteren Menschen zeigt sich eine erhebliche Variabilität der Beweglichkeitsleistungen in Abhängigkeit von den täglichen Aktivitäten. Eine lebenslange sportliche Betätigung ist dabei zwar hilfreich, da die Gewöhnung an systematisches Training mit zunehmendem Alter nicht einfacher wird, eine gute Beweglichkeit im Jugend- und frühen Erwachsenenalter verhindert jedoch nicht die altersbedingten Reduktionen der Bewegungsmöglichkei-

Tabelle 5
Entwicklung der
Beweglichkeit und
Trainingsgestal-
tung in unter-
schiedlichen
Altersabschnitten

Altersabschnitt	Entwicklungsmerkmale der Beweglichkeit	Besonderheiten der Übungs- und Trainingsgestaltung
Vorschulalter (4–7 Jahre)	• maximale Beugefähigkeit in allen Gelenken und teilweise noch eingeschränkte Streckfähigkeit in mehreren Gelenken	• keine spezielle Beweglichkeitsschulung notwendig
Schulkindalter frühes (7–10 Jahre) spätes (10–11/12 Jahre)	• maximale Beweglichkeit im Bereich der Wirbelsäule • erster Rückgang der Beweglichkeit in mehreren Gelenken bei fehlender Beanspruchung	• Einführung spielerischer Formen zur Erhaltung der Beweglichkeit • Aufnahme eines spezifischen Beweglichkeitstrainings in Sportarten mit hohen Beweglichkeitsanforderungen
Jugendalter 1. puberale Phase (Pubeszenz) Mädchen: 11–13 Jahre Jungen: 12–14 Jahre 2. puberale Phase (Adoleszenz) Mädchen: 14–17 Jahre Jungen: 15–18 Jahre	• Abnahme der Beweglichkeit nicht in das Training einbezogener Gelenkbereiche • starke Abhängigkeit der Beweglichkeit von Art und Maß der Beanspruchung	• besondere Bedeutung der Ausbildung einer guten allgemeinen Beweglichkeit unter Berücksichtigung der Überlastungsgefahren passiver Strukturen • Intensivierung und Individualisierung des Beweglichkeitstrainings
Erwachsenenalter frühes (18/19–30 Jahre) mittleres (31–44 Jahre) spätes (45–59 Jahre)	• erhebliche Reduzierung der Beweglichkeit bei fehlender oder unphysiologischer Beanspruchung (»Zwangshaltungen«) • Erhalt einer guten allgemeinen Beweglichkeit durch regelmäßige Beanspruchung möglich	• häufiges allgemeines und intensives spezifisches Training ist Voraussetzung für die Erhaltung der Beweglichkeit
höheres Erwachsenenalter ab 60 Jahre	• biologische Alterungsprozesse der Strukturen des Bewegungsapparates führen zu deutlichen Reduktionen der Beweglichkeit	• Erhalt bzw. Verlangsamung der Abnahme der Beweglichkeit v.a. durch häufige Mobilisation der Gelenke

ten in den Gelenken. Auch die ehemals erworbene überdurchschnittliche Beweglichkeit geht sehr rasch verloren, wenn kontinuierliche funktionelle Reize zu ihrem Erhalt ausbleiben. Ein Training der motorischen Beweglichkeit ist somit schon im Kindesalter angeraten und bleibt über die gesamte Lebensspanne, nicht nur unter dem Gesichtspunkt der sportlichen Leistungsentwicklung, notwendig und sinnvoll.

Ziele des Beweglichkeitstrainings

Die Ziele des Beweglichkeitstrainings sind zum einen auf die Erweiterung und/oder Erhaltung der maximalen Bewegungsamplitude in den unterschiedlichen Gelenken und zum anderen auf eine Steigerung der komplexen sportmotorischen Leistung gerichtet. Gemäß der Unterscheidung nach zwei Komponenten der Beweglichkeit wird hierbei die **Vergrößerung der Bewegungsamplituden** durch Dehnung der Muskulatur (Aspekt Dehnfähigkeit) und **Mobilisation der Gelenke** (Aspekt Gelenkigkeit) angestrebt. Dem zuerst genannten Aspekt kommt im sportlichen Training die größere Bedeutung zu, worauf im Abschnitt »Trainierbarkeit« näher einzugehen sein wird. Insbesondere im Alterssport und im Rahmen der medizinischen Trainingstherapie kann die Gelenkmobilisation in den Mittelpunkt des Beweglichkeitstrainings rücken. Als alleinige Maßnahme ist die Mobilisation jedoch nicht geeignet, um eine längerfristige Verbesserung der Beweglichkeitsleistungen herbeizuführen. Dazu sind systematische Dehnungen der Muskulatur zwingend erforderlich.

Die Ziele des Beweglichkeitstrainings werden außer nach den funktionellen Kriterien (Dehnfähigkeit vs. Mobilisation) zusätzlich nach den zeitlichen Aspekten der angestrebten Effekte differenziert (TIDOW 1997, 8 f.). Kurzfristige Effekte dienen insbesondere der unmittelbaren Vorbereitung auf hohe muskuläre Beanspruchungen mit dem Ziel, Verletzungen zu vermeiden und das individuelle Leistungsvermögen nach Möglichkeit auszuschöpfen. Mittel- und langfristig wird in Abhängigkeit vom Leistungsniveau und dem jeweiligen Handlungsfeld (Leistungssport, Freizeit- und Breitensport etc.) eine Erhöhung oder die Konservierung eines bestehenden Beweglichkeitsniveaus angestrebt. Neben der direkten Beeinflussung der maximalen Bewegungsamplitude durch dehnende und mobilisierende Übungen werden mit einer verbesserten Beweglichkeit eine Reihe weiterer Ziele und Funktionen im Rahmen des sportlichen Trainings verbunden (vgl. auch Kapitel 2). In erster Linie werden die Verletzungsprophylaxe, die Regenerationsbeschleunigung sowie die bessere Ausnutzung des Leistungspotentials der motorischen Fähigkeiten angeführt. Bevor auf diese Zusammenhänge und Wechselwirkungen von Effekten eines Beweglichkeitstrainings und komplexen sportlichen Leistungen näher eingegangen wird, werden zunächst die Anpassungen an systematische Dehn- und Mobilisationsbeanspruchungen dargestellt.

Trainierbarkeit

Die Möglichkeit, durch gezielte Belastungsreize auf einzelne oder mehrere Bereiche der motorischen Leistungsfähigkeit einzuwirken, kennzeichnet die Trainierbarkeit. Trainingsmaßnahmen können sich in dreifacher Weise auf das aktuelle Leistungsvermögen auswirken:

1. Die Leistung kann durch Training gesteigert werden.
2. Der zum Beispiel alterns- oder verletzungsbedingte Rückgang der Leistung kann verhindert werden (= Erhaltung).
3. Der Abbau der Leistungsfähigkeit zum Beispiel nach Aufgabe eines langjährigen Trainings wird verlangsamt.

Trainingseffekte können somit auch dann eintreten, wenn die Leistungsfähigkeit insgesamt abnimmt oder stagniert. Trainierbarkeit kann nicht mit Leistungsveränderung gleichgesetzt werden (WILLIMCZIK/ROTH 1983, 277), da Veränderungen auch durch Wachstum, Reifung etc. verursacht werden können.

Als Phasen der größten Trainierbarkeit der Beweglichkeit wird das Alter zwischen 10 und 13/14 Jahren angegeben (SERMEJEW 1964, 436; MATWEJEW 1981, 174; WEISS 1983, 13; WEINECK 1996, 491). Die Feststellung, dass die Beweglichkeit im Kindesalter die stärksten altersbezogenen Zuwächse zeigt, ist jedoch nicht zwangsläufig mit einer erhöhten Trainierbarkeit verbunden. Da die Trainingswissenschaft bislang kein objektives Maß für die Trainierbarkeit einer Fähigkeit angeben kann, sind kaum präzise Aussagen zu dieser Frage zu machen. Leistungsveränderungen können durch eine Vielzahl von Faktoren bewirkt werden, so dass es oft nicht möglich ist, die eindeutige Ursache für die eingetretenen Veränderungen exakt zu bestimmen.

Im Folgenden wird auf zwei Aspekte der Trainierbarkeit der Beweglichkeit näher eingegangen:

1. Welche Anteile des aktiven und passiven Bewegungsapparates können durch Trainingsmaßnahmen beeinflusst werden?
2. Welche Anpassungserscheinungen treten infolge von Beweglichkeitstraining auf?

Bei der Besprechung der biologischen Grundlagen wurde bereits angedeutet, dass ein intensives Beweglichkeitstraining nicht gleichermaßen alle Strukturen des Bewegungsapparates einbeziehen sollte. Aufgrund der kraftübertragenden Funktion der Sehnen und der **Stabilisierungsfunktion der Bänder** sind diese nicht durch übermäßiges Dehnen und extreme Bewegungsausschläge zu beanspruchen, da die Sehnen ebenso wie die Bänder dadurch in ihrer Funktionalität beeinträchtigt werden. Gelenke werden durch Training nicht in ihrem Aufbau verändert (DORDEL 1975, 40). Ein Beweglichkeitstraining zielt auf die **Mobilisierung der Gelenke**, um ein »reibungsfreies« Bewegen zu ermöglichen.

Kurzzeitige Effekte werden unmittelbar nach einem Beweglichkeitstraining beobachtet (WYDRA 1997, 416). Diese Effekte eines Beweglichkeitstrainings liegen neben einer Beeinflussung der aktuellen Stoffwechsellage im Gelenk in einer Reduzierung der muskulären Dehnungsspannung (WYDRA et al. 1999). Im unmittelbaren Anschluss an eine Dehnbelastung vermindert sich der innere Reibungswiderstand im Muskel. Kurzfristige Verbesserungen der Beweglichkeit klingen jedoch nach Belastungsende sehr rasch wieder ab. Es kann daher vermutet werden, dass der Mechanismus der Trainingswirkung im Beweglichkeitstraining nicht nach dem

»Dreischritt« des Superkompensationsmodells mit den charakteristischen Phasen der Belastung, Ermüdung (Funktionseinbuße) und Mehrausgleich abläuft, sondern kurzfristige Leistungsverbesserungen eine unmittelbare Folge der Beanspruchung darstellen (TIDOW 1997, 8).

Zusätzlich wird auch auf psychische Effekte hingewiesen (WIEMANN 1993, 104). Eine Dehnung setzt danach möglicherweise das Spannungsempfinden kurzzeitig herab. Als kurz- und mittelfristige Wirkungen eines Beweglichkeitstrainings treten zudem koordinative Anpassungen auf. Nach mehrmaliger Durchführung werden die Bewegungen flüssiger, genauer und laufen mit vermindertem energetischen Aufwand ab.

Als Ansatzpunkt für ein langfristiges und systematisches Beweglichkeitstraining steht die Einflussnahme auf die Dehnfähigkeit der Muskulatur und die elastischen Eigenschaften bindegewebiger Anteile im Mittelpunkt aller Trainingsmaßnahmen. Die neuronalen, biochemischen und mechanischen Auswirkungen von Dehnbelastungen auf die Skelettmuskulatur sind noch nicht alle im Detail erforscht. Strukturelle Anpassungen scheinen jedoch gegenüber neuronalen Faktoren eher für eine Verbesserung der Beweglichkeit verantwortlich zu sein (ULLRICH/GOLLHOFER 1994, 344). Da die körpernahen (Ursprünge) und körperfernen (Ansätze) sehniger Verbindungen der Muskeln mit den Knochen nicht verschiebbar sind, bleibt die Gesamtlänge eines Muskels immer unverändert gleich. Die strukturelle Veränderung der Muskulatur infolge unterschiedlicher Beanspruchungen erfolgt auf der Ebene der kleinsten funktionellen Einheit des Muskels, den Sarkomeren (vgl. Kapitel 2). Während die Muskellänge konstant bleibt, erhöht sich infolge häufiger überschwelliger Dehnungen die Anzahl der Sarkomere eines Muskels (ULLRICH/ GOLLHOFER 1994, 339; GISLER 1998, 37). Bei gleicher Muskellänge und vermehrter Anzahl in Serie angelegter Sarkomere wird die Dehnung des einzelnen Sarkomers bei gleicher Längenänderung des Gesamtmuskels vermindert. Allerdings sind systematische Dehnungsreize über mehrere Monate erforderlich, um diese strukturellen Veränderungen hervorzurufen. Die Anpassung des Muskelgewebes an Dehnbelastungen ist zudem reversibel (WYDRA 1993, 104), d. h. wenn funktionelle Dehnreize über längere Zeit ausbleiben, findet ein Abbau der Sarkomerzahl statt.

Ebenso wie beim Training der anderen konditionellen Fähigkeiten bleiben die Effekte eines Beweglichkeitstrainings umso länger erhalten, je länger die Periode des Übungsprozesses war, in der eine Verbesserung erzielt wurde. Hohe Beweglichkeitsleistungen, die in einem sehr langen, eventuell über Jahre andauernden Trainingsprozess erworben wurden, sind somit stabiler gegenüber Phasen verringerter Aktivität oder gar Inaktivität.

Geschlechtsspezifische Aspekte des Beweglichkeitstrainings

Die beschriebenen Unterschiede zwischen männlichen und weiblichen Personen bezüglich der biologischen Voraussetzungen der Beweglichkeit werfen die Frage auf, ob ein Beweglichkeitstraining von Männern und Frauen grundsätzlich unterschiedlichen Prinzipien folgt. Analog zur Trainierbarkeit der Beweglichkeit in unterschiedlichen Altersabschnitten gilt auch für die geschlechtsspezifische Betrachtung die Aussage, dass die höhere Beweglichkeit von Frauen nicht zugleich auch auf eine bessere Trainierbarkeit schließen lässt. Bei der Anwendung gleicher Trainingsmethoden zeigen Männer und Frauen vergleichbare Verbesserungen der Beweglichkeitsleistungen (LETZELTER et al. 1984; ETNYRE/LEE 1988; WIEMANN 1991). Entgegen der Vermutung, dass die zumeist bessere Beweglichkeit von Frauen mit einer höheren Trainierbarkeit einhergeht, lässt sich auch die gegenteilige Annahme begründen. Nach dem »Quantitätsgesetz des Trainings« (LETZELTER 1978, 32) bewirken gleiche Trainingsreize auf niedrigerem Leistungsniveau höhere Leistungszuwächse. Danach wäre (zumindest bei Vorliegen großer Unterschiede zugunsten der Frauen) ein stärkerer Leistungsfortschritt der Männer bei Anwendung gleicher Trainingsinhalte zu erwarten. Allerdings werden nur in sehr wenigen Untersuchungen Fragen der geschlechtspezifischen Trainingswirkungen bearbeitet.

Die besseren Leistungen der Frauen können zusätzlich dadurch mitbedingt sein, dass Männer der Durchführung eines Übungsprogramms zur Muskeldehnung häufiger negativ gegenüberstehen und die Trainingsformen als lästige Pflichtübung »abarbeiten«. Auch die bereits bei Kindern festzustellenden Unterschiede in den Beweglichkeitsleistungen zwischen Mädchen und Jungen werden mit möglichen geschlechtsspezifischen Sozialisationsbedingungen bezüglich des Spiel- und Freizeitverhaltens in Verbindung gebracht (WASMUND-BODENSTEDT/BRAUN 1984, 372). Diese Annahmen wären jedoch durch weitere Untersuchungen zu erhärten. Grundsätzlich kommen bei Frauen und Männern die gleichen Inhalte und Methoden des Beweglichkeitstrainings (vgl. Kapitel 4 und 6) zur Anwendung. Inhaltliche und methodische Differenzierungen orientieren sich am aktuellen Leistungsniveau und dem **sportartspezifischen Anforderungsprofil** (vgl. Kapitel 5).

Beweglichkeitstraining und sportliche Leistung

Beweglichkeit und Aufwärmen

Dehnbelastungen und **Mobilisationsübungen** gehören zum festen Bestand der Vorbereitung auf sportliche Leistungen in Training und Wettkampf nahezu aller Disziplinen. Als Teil des Aufwärmens tragen die Inhalte des Beweglichkeitstrainings zu einer Verringerung des Verletzungsrisikos bei (CLAYFIELD 1980; EKSTRAND et al. 1983). Eine ausschließliche Vorbereitung durch Dehnübungen führt jedoch zu keiner Erhöhung der Körpertemperatur (ROSENBAUM/HENNIG 1997, 97) und ist daher immer mit einem allgemeinen Einlaufen (bzw. Schwimmen, Radfahren oder anderen Ganzkörperübungen) zu verbinden.

Eine nicht zu unterschätzende Funktion kommt dem »gymnastischen Teil« der Vorbereitung darüber hinaus in Form der psychischen Einstimmung auf die folgende Beanspruchung zu. Bei der Muskeldehnung unmittelbar vor hohen muskulären Beanspruchungen ist zu beachten, dass zum einen ein Mindestmaß an

Entwicklung und Training der Beweglichkeit

Beweglichkeit ist
eine wesentliche
Leistungskompo-
nente im Geräte-
turnen

Dehnfähigkeit notwendig ist, um die Verletzungsgefahr möglichst gering zu halten, und zum anderen die Intensität der Dehnung Einfluss auf die Leistungsfähigkeit der Muskulatur im unmittelbaren Anschluss an das Aufwärmen ausübt. Je nach Art der angezielten Belastung muss eine nach Intensität und Inhalt bzw. Methode optimale Beweglichmachung erfolgen.

Beweglichkeit und Kraftleistungen

Mit der Beweglichmachung der Strukturen des aktiven und passiven Bewegungsapparates wird neben einer allgemeinen Vorbereitung auch die **Erhöhung des Ausnutzungsgrades der muskulären Leistungsfähigkeit** bezweckt (BULL/BULL 1980; MARTIN/BORRA 1983; DIETRICH et al. 1985; SPENGEMANN-BACH 1992). Ein intensives statisches Dehnen ohne zusätzliches Warmlaufen führte jedoch in einer Untersuchung mit Erwachsenen zu einer Abnahme der maximalen Sprunghöhe im beidbeinigen Vertikalsprung (HENNIG/PODZIELNY 1994). Auch nach einem Laufprogramm führte intensives Stretching noch zu geringfügigen Einbußen im Schnellkraftniveau. Ebenso wurde gezeigt, dass die maximale Kraft der Wadenmuskulatur nach isolierter Dehnung leicht abfällt, während ein Warmlaufen zu 15 %iger Kraftsteigerung gegenüber dem unvorbereiteten Zustand führt (ROSENBAUM/HENNIG 1997, 97). Ein positiver Effekt eines Dehnprogramms auf anschließende Schnellkraftanforderungen ist danach nur zu erwarten, wenn die Dehnung ein optimales Niveau nicht überschreitet und zusätzlich eine allgemeine Erwärmung durch ganzkörperliche Belastung (Laufen, Schwimmen etc.) erfolgt.

Die zur Vorbereitung auf Schnellkraftleistungen eingesetzten Übungen zur Beweglichmachung sollten innerhalb eines mittleren Intensitätsbereiches bleiben, d.h. nicht deutlich über den in der anschließenden Beanspruchung eingesetzten Amplitudenbereich hinausgehen. Intensive statische Dehnungen derjenigen Muskulatur, die im Anschluss maximale Schnellkraftleistungen erbringen soll, sind unter der Maßgabe, die volle muskuläre Leistungsfähigkeit auszuschöpfen, eher hinderlich. Nicht zuletzt auch unter dem Aspekt einer koordinativen Vorbereitung sollten aktiv dynamische Übungen mit in die Vorbereitung einbezogen werden.

Diese Wechselwirkungen unterschiedlicher Belastungen auf das aktuelle muskuläre Leistungsniveau sind nicht gleichbedeutend mit der Annahme, ein Muskel könne nicht gleichzeitig hochgradig krafttrainiert und überdurchschnittlich dehnfähig sein. In Bezug auf mittel- und langfristige Trainingswirkungen schließen sich hohe Kraftwerte und eine gute Dehnfähigkeit nicht aus. Es kann jedoch bei sehr starker Zunahme der Muskelmasse zu rein mechanischen Einschränkungen der Bewegungsamplitude kommen (GASCHLER 1994, 182). Beispielsweise kann die Beugefähigkeit im Ellbogengelenk durch einen extremen Muskelumfang des m. biceps femoris vermindert werden (sog. Massenhemmung, WIEMANN 1993, 96). Ein intensives Krafttraining führt nicht zu verminderter muskulärer Dehnfähigkeit (HEBBELINCK 1989, 186; KLEE 1995, 21) und ein systematisches Beweglichkeitstraining hat langfristig keinen »Kraftverlust« zur Folge. Beweglichkeit und Kraft können ohne wechselseitige Einschränkungen der Trainierbarkeit im Training entwickelt werden, wobei jedoch die unmittelbaren Wechselwirkungen aufeinander folgender muskulärer Beanspruchungen innerhalb einer Trainingseinheit zu beachten sind.

71

Beweglichkeit und Ausdauerleistungen

Auch in den Sportarten, in denen die Leistung durch die Funktionsfähigkeit des Herz-Kreislauf-Systems wesentlich bestimmt wird, gehören Inhalte aus dem Beweglichkeitstraining zur Vorbereitung in Training und Wettkampf. Die Hauptfunktion einer gesteigerten Beweglichkeit ist dabei in der **Verringerung des Verletzungsrisikos** zu sehen.

Jedoch nimmt der Grad der Muskeldehnung auch in den Ausdauerdisziplinen Einfluss auf die Leistung. Durch eine gezielte Beweglichmachung der beanspruchten Muskeln können die Bewegungsabläufe anschließend mit optimaler Bewegungsamplitude bei verringertem inneren Widerstand ablaufen. Die Ökonomie der Bewegung wird gesteigert, wodurch sich der Energiebedarf verringert und sich auf diesem Weg das Verhältnis von eingesetzter Energie und resultierender Leistung verbessert.

Beweglichkeit und Techniktraining

In zahlreichen Sportarten und Disziplinen erfordert die optimale Ausführung technischer Fertigkeiten (z. B. des Hürdenschritts oder von Elementen im Gerätturnen) die Ausprägung einer extremen Beweglichkeit in einem oder mehreren Gelenken. Eine mangelhafte Dehnfähigkeit der Muskulatur führt zu einem erhöhten Kraftaufwand für die Realisierung der Bewegungsabläufe. In den Endstellungen der Gelenke nimmt der Widerstand der Muskulatur überproportional stark zu, wodurch gerade bei der dynamischen Einnahme weiter Bewegungsamplituden ein erhöhtes Verletzungsrisiko entsteht. Weiterhin provoziert eine nicht ausreichende Beweglichkeit unnötige Ausweich- und Kompensationsbewegungen. Die sportliche Technik passt sich an die maximal möglichen Bewegungsamplituden an. So entsteht beispielsweise bei nicht ausreichend gedehnter Brust- und Schultermuskulatur zwangsläufig eine zu geringe Ausholbewegung beim Werfen. Defizite im Bereich der Beweglichkeit wirken sich somit dann nicht punktuell in einzelnen Bewegungsphasen aus, sondern verändern durch Folgewirkungen den gesamten technischen Ablauf. Im Rahmen des Beweglichkeitstrainings muss daher in den beteiligten Gelenken eine **hohe Dehnfähigkeit der** sie überziehenden **Muskulatur** gewährleistet werden.

Da die Beweglichkeit sowohl muskel- wie gelenkspezifisch ist, müssen die Anforderungen disziplinbezogen ausgebildet werden. Es findet kein Transfer von Beweglichkeitsleistungen statt (weder regional noch intermuskulär). Diese Aussage lässt sich bereits aus den Überlegungen zu den Trainingseffekten ableiten, wonach Verbesserungen der Beweglichkeit in erster Linie aus (lokalen) strukturellen Anpassungen der gedehnten Muskulatur resultieren. Somit müssen alle beanspruchten Muskeln isolierten Dehnbelastungen unterzogen werden, wobei die Dehnung und Mobilisation in disziplinspezifischen Bewegungsformen zu berücksichtigen ist. Wenn die Einnahme extremer Gelenkwinkel innerhalb der sportlichen Bewegung aktiv (durch innere Muskelkräfte) und dynamisch erreicht werden muss, reicht ein passives Dehnprogramm zur Vorbereitung nicht aus. Dynamische Übungsformen müssen dann mit in die Vorbereitung einbezogen werden. (vgl. auch Kapitel 4).

Des Weiteren unterliegen alle motorischen Abläufe einer unterschiedlich großen räumlichen Variabilität, so dass es nicht möglich ist, den nötigen Bewegungsspielraum für die Bewältigung technischer Abläufe (z. B. der Brückenhaltung durch Hohlkreuzbildung bei der Lattenüberquerung im Flop) festzulegen. Die Ausbildung einer »Beweglichkeitsreserve« (vgl. Kapitel 2) ist auch unter dem Aspekt der variierenden und variablen Bewegungsausführung von Bedeutung, um mögliche, etwa situationsbedingt notwendige, extreme Bewegungsamplituden (z. B. einen sehr weiten Ausfallschritt im Badminton, um einen Ball noch zu erreichen) ohne zusätzliches Verletzungsrisiko zu ermöglichen.

Beweglichkeit und Regeneration

Sehr häufig werden Inhalte aus dem Beweglichkeitstraining angewendet, um zu **erwartende Ermüdungsreaktionen** – im Sinne einer Prophylaxe – zu **vermeiden** oder im Anschluss an hohe Belastungen die **einsetzenden Regenerationsprozesse** zu **unterstützen**. Auch zwischen den Einzelreizen in einer Trainingseinheit sollen systematische Dehnbelastungen die kurzzeitige Regeneration fördern. Es wird zum Beispiel der Einbau von Dehnübungen in das Maximalkrafttraining zur schnelleren interseriellen Erholung empfohlen (ZATSIORSKY 1996, 142). Zumindest intensive Dehnungen der beanspruchten Muskulatur sind unter Hinweis auf die besprochenen Befunde zur Verminderung der Schnellkraftleistungen durch Muskeldehnung kritisch zu beurteilen. Eine Mobilisation der Gelenke und leichte Lockerungsübungen erscheinen in diesem Zusammenhang geeigneter als intensive muskuläre Dehnungen.

Nicht zuletzt das Auftreten von Muskelkater soll durch Beweglichkeitstraining vermindert oder sogar gänzlich vermieden werden. Der Muskelkater stellt eine spezifische Form der Auswirkung von Beanspruchungen dar, bei der kleinste Verletzungen der Sarkomere im Bereich der Z-Scheiben und verzögerte Schmerzreaktionen auftreten (BÖNING 1988; HOPPELER 1991). Noch nicht endgültig geklärt ist der Schmerzauslöser, wobei Schwellungen des Gewebes mit den Folgereaktionen eine mögliche Ursache sein könnten. Die wenigen vorliegenden Studien bestätigen die behaupteten, erwarteten und erhofften Wirkungen eines Beweglichkeitstrainings bislang nicht. Durch intensives Dehnen kann das Auftreten von Muskelkater nach einem sich anschließenden Training nicht verhindert werden (WIEMANN/KAMPHÖFNER 1995). Ebenso ist es nicht möglich, durch ein Dehnprogramm im Anschluss an ein Krafttraining dem folgenden Muskelkater zu entgehen oder diesen abzuschwächen (BUROKER/SCHWANE 1989). Teilweise verstärkt sich der Muskelschmerz sogar noch durch das zusätzliche Dehnen. Zudem verschlechtert sich die **Entspannungsfähigkeit** der Muskulatur nach intensivem Training durch die Anwendung statischer Dehnformen, während dynamische Dehnungen eine leichte Verbesserung der Fähigkeit der belasteten Muskulatur sich nach Anspannung zu entspannen bewirken (SCHOBER et al. 1990). Hierbei könnte die Durchblutungsförderung durch aktive Muskelarbeit die Vorteile dynamischer Übungen begründen.

Verständlich werden diese Ergebnisse vor dem Hintergrund der beschriebenen Effekte eines Beweglichkeitstrainings, wonach intensive Dehnbelastungen zu teilweise vergleichbaren Anpassungen wie Krafttraining führt (Vermehrung der Sarkomerzahl). Demnach kann ein Programm mit vor allem mobilisierenden Übungen und allenfalls geringen Dehnungen das »Spannungsgefühl« nach dem Training mindern (WIEMANN 1993) und auf diesem Weg das subjektive Belastungsempfinden positiv beeinflussen. Ein intensives Dehnen der Muskulatur nach einem Training hat jedoch einen zusätzlich belastenden Charakter und nicht die erhoffte regenerationsfördernde Wirkung. Im Anschluss an hohe metabolische Beanspruchungen, zum Beispiel im Kraftausdauer- und Schnelligkeitsausdauertraining, können Dehnungen durch die eintretende Kompression der Kapillare den raschen Stofftransport behindern und die Regeneration verzögern (FREIWALD et al. 1998, 271 f.). Beweglichkeitstraining eignet sich somit nicht grundsätzlich zur Unterstützung und Verbesserung regenerativer Prozesse im Anschluss an sportliche Belastungen. Übungen, die mit submaximaler Intensität ausgeführt werden, sowie dynamischen Dehnungen und/oder gelenkmobilisierenden Techniken ist nach den vorliegenden Erkenntnissen der Vorzug gegenüber intensiven statischen Dehnprozeduren zu geben.

Beweglichkeit und muskuläre Dysbalancen

Ein Ungleichgewicht bezüglich der Dehn- oder der Kraftfähigkeit zwischen einem Muskel und seinem Antagonisten wird als muskuläre Dysbalance bezeichnet. Muskuläre Dysbalancen können infolge lokaler Fehl- oder Überlastung, nach Verletzungen, durch fehlerhaftes Training oder langfristige »Zwangshaltungen« auftreten. Häufig sind beide Synergisten zugleich betroffen, beispielsweise in Form von Abschwächung eines Muskels bei gleichzeitiger »Verkürzung« seines Gegenspielers (SPRING et al. 1992, 5). Ausgeprägte muskuläre Ungleichgewichte haben eine verminderte Belastbarkeit, erhöhte Verletzungsanfälligkeit, geringere Leistungsfähigkeit und häufigeres Auftreten von Überlastungssyndromen zur Folge (ebd.). Eine weitere Ursache für muskuläre Ungleichgewichte kann in der häufigen Ausführung schlecht koordinierter Bewegungen gesehen werden. Muskuläre Dysbalancen werden schon bei Kindern im Schulalter festgestellt (GASCHLER/HEINECKE 1990; LEHMANN 1991). Ein systematisches Beweglichkeitstraining kann nur in den Fällen zur Beseitigung einer Dysbalance eingesetzt werden, in denen die verminderte Dehnfähigkeit eines Muskels als Ursache diagnostiziert wird.

Große Unterschiede bezüglich der Kraft zum Beispiel von Hüftbeugern und Hüftstreckern sollte demgegenüber nicht mit der alleinigen Dehnung eines Anteils, sondern durch Kräftigung des schwächeren und gleichzeitiger Dehnung beider Anteile begegnet werden. Die alleinige Dehnung eines zuvor hypertrophierten Muskels ist aus zwei Gründen wenig erfolgversprechend: Erstens kann durch Beweglichkeitstraining die Ruhespannung des Muskels nicht gesenkt werden, wie bereits an anderer Stelle ausgeführt wurde. Zweitens führt intensives Dehnen möglicherweise zu einer zusätzlichen Vermehrung der Sarkomerzahl und damit zu einem weiteren Kraftgewinn, also zum insgesamt gegenteiligen Effekt (WIEMANN et al. 1998, 116 f.). Beweglichkeitstraining eignet sich somit nur unter bestimmten Voraussetzungen zur Reduzierung muskulärer Ungleichgewichte.

Methoden des Beweglichkeitstrainings

Muskeldehnung und Gelenkmobilisation

Trainingsmethoden wurden in Kapitel 1 als planmäßige Verfahren zur Ansteuerung angestrebter Trainingsziele umschrieben. Demnach richten sich die Methoden des Beweglichkeitstrainings auf die Erweiterung und Erhaltung der Bewegungsamplituden in den Gelenken sowie auf die Steigerung der sportartspezifischen Leistungsfähigkeit durch Bewältigung der disziplinspezifischen Beweglichkeitsanforderungen. Beide Komponenten der Beweglichkeit, die Dehnfähigkeit und die Gelenkigkeit, sind in unterschiedlichem Maße durch Training zu verändern. Während die Verbesserung der muskulären Dehnfähigkeit eine kurz-, mittel- und langfristige Verbesserung der Beweglichkeitsleistung bewirkt, können Übungen zur Gelenkmobilisation vor allem zur kurzzeitigen Erweiterung des Bewegungsausmaßes eingesetzt werden.

Die Morphologie der Gelenke, d. h. ihre knöcherne Struktur, wird durch Beweglichkeitstraining nicht verändert. Auf die Funktion kann jedoch Einfluss genommen werden. Die **Mobilisation der Gelenke** zielt auf eine Aktivierung des Gelenkstoffwechsels und Durchblutungsförderung der das Gelenk bewegenden Muskulatur. Dazu muss nicht immer über die gesamte Bewegungsamplitude bewegt werden. Bereits eine mehrmalige Bewegung über einen Teil des maximal möglichen Bewegungsausschlags setzt die Stoffwechselprozesse im Gelenk in Gang. Die Gelenkkapsel sondert vermehrt Synovialflüssigkeit in den Gelenkspalt ab, wodurch der innere Reibungswiderstand gemindert wird. Die Übungen aus dem Bereich der Gelenkmobilisation dienen somit der Verbesserung der Gelenkigkeit. Eine Mobilisation der Gelenke erfolgt entweder aktiv (durch Eigenbewegung) oder passiv (durch Partnerhilfe, Trainer, Physiotherapeut). Eine ausführliche Beschreibung der unterschiedlichen Techniken der Gelenkmobilisation findet sich unter anderem bei SPRING et al. (1997, 149 f.). Übungsbeispiele sind auch bei ALBRECHT et al. (1999) beschrieben.

Als Maßnahme zur Optimierung der Beweglichkeit kommt die Gelenkmobilisation in erster Linie in der medizinischen Trainingstherapie zur Anwendung, um nach Verletzungen am Bewegungsapparat das normale Bewegungsausmaß wieder zu erlangen (VAN DEN BERG 1994). Im Rahmen des sportlichen Trainings wird die Aktivierung der Stoffwechselprozesse durch das allgemeine Aufwärmen (Einlaufen) hinreichend in Gang gesetzt, so dass hier den Muskeldehntechniken die zentrale Bedeutung für eine Verbesserung der Beweglichkeit zukommt. In der Praxis des Trainings und der Trainingstheorie haben sich eine Reihe unterschiedlicher Methoden der Muskeldehnung etabliert.

Eine Einteilung der Techniken der Muskeldehnung erfolgt in Anlehnung an die Formen der Beweglichkeit und die Arbeitsweisen der Muskulatur. Es werden daher **dynamische** und **statische Dehnprozeduren** unterschieden und jeweils nach einer

75

aktiven und passiven Ausführung differenziert. Seit Beginn der 80er Jahre hat sich mit dem **Stretching** eine spezifische Form des Beweglichkeitstrainings herausgebildet. Die Arbeiten von ANDERSON (1982) und SÖLVEBORN (1983) markieren den Beginn einer systematischen Beschreibung und Differenzierung des Stretchings als Methode des Beweglichkeitstrainings. Neben der weitgehend mit dem statischen Dehnen übereinstimmenden permanenten Dehnung kommen dabei weitere Stretchingtechniken zum Teil auch in anderen Handlungszusammenhängen, etwa im Rahmen von Entspannungsübungen, zur Anwendung. Ziel dieser spezifischen Methoden ist dabei entweder die Ausnutzung neuromuskulärer Reflexmechanismen oder deren Unterdrückung. Diese Techniken der Muskeldehnung werden daher auch unter dem Begriff der **neuromuskulären Dehntechniken** zusammengefasst. Diese Stretchingtechniken werden in einem eigenen Abschnitt besprochen.

Eine noch weitgehend unbekannte, jedoch bereits Ende der 70er Jahre konzipierte Methode zur Verbesserung der Beweglichkeit ist die **rhythmische neuromuskuläre Stimulation** (RNS) nach NAZAROV (vgl. WEBER 1997). Hierbei wird die gedehnte Muskulatur durch kleinamplitudige mechanische Schwingungen, die von einem Schwingungsgenerator erzeugt werden, wiederholt exzentrisch belastet. Durch den so hervorgerufenen ständigen Spannungswechsel werden vor allem neuromuskuläre Effekte erzielt. Durch Senkung der Erregbarkeit der α-Motoneurone wird ein verminderter Muskeltonus bewirkt (KÜNNEMEYER/SCHMIDTBLEICHER 1997, 42). Die Schmerzempfindsamkeit ist nach einer rhythmischen neuromuskulären Stimulation verringert (WEBER 1997, 54), wodurch der Dehnungsschmerz erst bei höheren Belastungen einsetzt. Das Verfahren wird vorrangig im Rahmen der medizinischen Rehabilitation angewendet, da die gerätetechnischen Voraussetzungen im Sport in der Regel nicht gegeben sind. Insbesondere nach verletzungsbedingter Immobilisation, mit dem Ziel einer schnellen Wiederherstellung der normalen Beweglichkeit, und im Hochleistungsbereich bei extremen Beweglichkeitsanforderungen bietet sich der Einsatz dieser Methode an. Die wenigen einschlägigen Befunde zeigen die stärksten Verbesserungen der Beweglichkeit mit dieser Methode, so dass eine größere Beachtung diese Verfahrens angebracht ist.

In der täglichen Trainingsarbeit wird der Einsatz gerätegestützter Methoden des Beweglichkeitstrainings jedoch weiterhin nur in seltenen Fällen möglich sein. Die rhythmische neuromuskuläre Stimulation ist keine Muskeldehntechnik im eigentlichen Wortsinn. Da dieses Verfahren jedoch auf die Verbesserung der muskulären Dehnfähigkeit abzielt, wird es innnerhalb der Methoden des Beweglichkeitstrainings unter die Muskeldehntechniken eingeordnet. Einen zusammenfassenden allgemeinen Überblick über die Methoden zur Verbesserung der Beweglichkeit gibt Abbildung (Abb. 23).

Muskeldehntechniken

Im Folgenden werden zunächst die unterschiedlichen Methoden der Muskeldehnung bezüglich der Ausführung und ihrer jeweiligen Vor- und Nachteile dargestellt. Eine vergleichende Betrachtung der Methoden soll dann die spezifischen

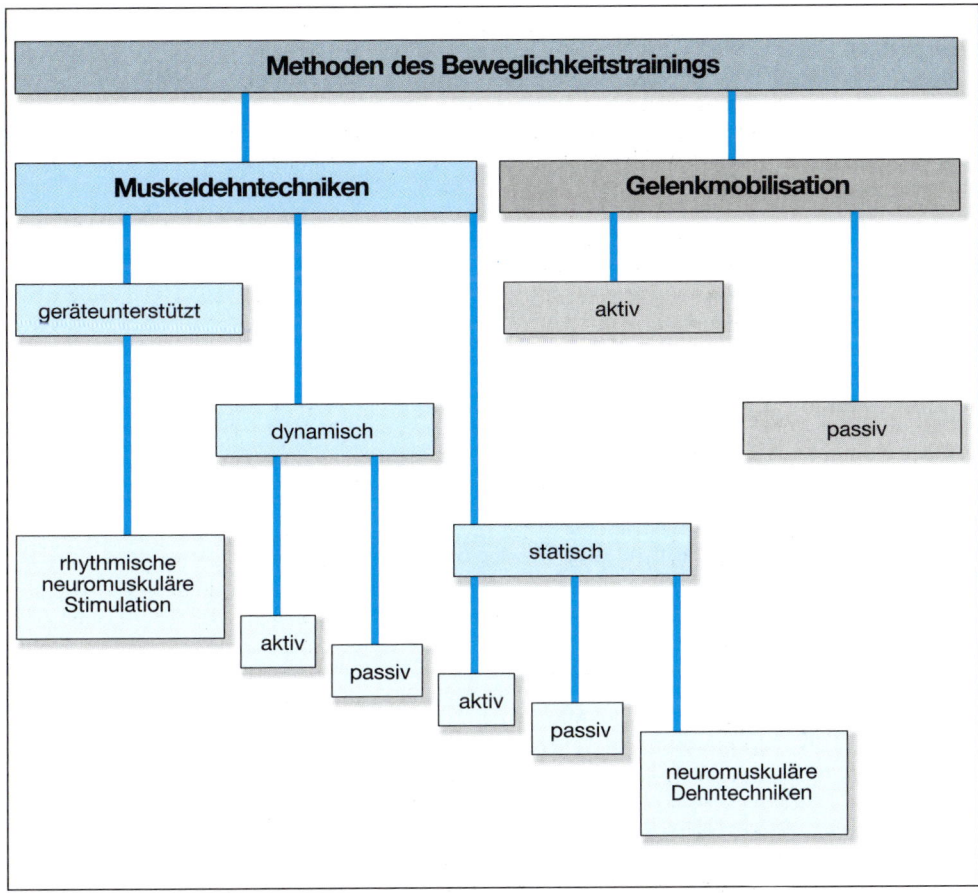

Abb. 23
Methoden zur
Verbesserung der
Beweglichkeit

Einsatzmöglichkeiten im Rahmen des Beweglichkeitstrainings aufzeigen. Es werden nur die Techniken beschrieben, die im Sinne der »Eigen- oder Fremddehnung« (WYDRA et al. 1999) im Training durchführbar sind, während die rhythmische neuromuskuläre Stimulation als geräteunterstütztes Verfahren nicht weitergehend diskutiert wird.

Dynamisches Dehnen

Das dynamische Dehnen ist in der Praxis des Beweglichkeitstrainings nach wie vor die am häufigsten verwendete Trainingsmethode. Da beim dynamischen Dehnen rhythmische Bewegungen mit wiederholter Einnahme der maximal möglichen

77

Bewegungsamplitude angewendet werden, finden sich für diese Trainingsform auch häufig die Begriffe »intermittierendes Dehnen« oder »Schwunggymnastik«. Je nachdem, ob die Bewegung dabei durch innere Muskelkräfte bewirkt wird oder aber mit Hilfe zusätzlicher (äußerer) Kräfte zustande kommt, wird ein aktiv-dynamisches von einem passiv-dynamischen Dehnen unterschieden.

Aktiv-dynamische Dehnübungen sind dadurch gekennzeichnet, dass die Dehnung eines Muskels durch mehrmalige Kontraktion seines Antagonisten erfolgt. Hierbei wird durch federnde oder wippende Bewegungen versucht, allmählich die volle Bewegungsamplitude zu erreichen. Durch zunehmenden Einsatz der Antagonistenkontraktion wird das Maß der Dehnung des Zielmuskels (bzw. der Muskelgruppe) nach und nach erhöht. Neben der Kraft des am Gelenk ansetzenden Gegenspielers wirken zusätzlich immer die Energie der Schwungbewegung (Trägheitskräfte) und weitere äußere Kräfte (z. B. Schwerkraft), so dass bei dynamischen Übungsformen eine ausschließlich auf aktiver Muskelarbeit beruhende Dehnung praktisch nicht vorkommt. Als Beispiel kann hier die Dehnung der rückwärtigen Oberschenkelmuskulatur im Stehen durch Vorbeugen des Oberkörpers als häufig angewendete dynamische Übung die Zusammenhänge aufzeigen helfen. Die Übung wird als aktiv-dynamisch charakterisiert, weil durch aktive Beugung im Hüftgelenk auf eine Dehnungswirkung der auf dieses Gelenk als Strecker wirkenden hinteren Oberschenkelmuskulatur abgezielt wird. Tatsächlich wird die Kraft zur Überwindung des Dehnwiderstandes der Muskulatur jedoch in erster Linie durch die Gewichtskraft des nach vorne abknickenden und wippenden Oberkörpers erzielt, so dass für die Einnahme eines weiten Bewegungsausschlags vorwiegend äußere (passive) Kräfte genutzt werden. Im umgekehrten Fall werden ebenso bei passiven Dehnprozeduren zusätzlich innere Kontraktionskräfte zur Unterstützung der Muskeldehnung eingesetzt. Somit enthält auch die passive Dehnung aktive Anteile (MARTIN 1979, 158 f.).

Die Grundform **passiv-dynamischer Dehnübungen** ist die durch einen Trainingspartner oder Helfer verstärkte Ausschöpfung der Bewegungsamplitude. Insbesondere bei Dehnungen, die durch Partnerhilfe erfolgen, ist bei guter muskulärer Entspannungsfähigkeit des Übenden eine (nahezu) ausschließlich passive Muskeldehnung möglich. Der Übende nimmt die Haltung ein, in der ein leichter Dehnungsreiz spürbar wird. Danach führt der Partner durch Zug oder Druck die Bewegung fort, während der Übende die Muskulatur möglichst entspannt. Bei dynamischer Übungsausführung bringt der Partner den Übenden wiederholt langsam und unter rhythmischem Federn in die jeweilige Dehnposition. In dem gewählten Beispiel, einer Dehnung der hinteren Oberschenkelmuskulatur, kann die passive Ausführungsvariante im Langsitz erfolgen, indem ein Trainingspartner die Schultern des am Boden Sitzenden langsam, gleichmäßig nach vorne-unten drückt.

Die Ausführung dynamischer Dehnungen der Mukulatur soll durch langsames, rhythmisches Bewegen im Bereich des Dehnungspunktes erfolgen. Durch allmähliche Intensivierung wird ein »einschleichender Reiz« (HOSTER 1987, 1524) gesetzt. Ruckartige oder reißende Dehnungen sind nicht zweckmäßig und möglicherweise sogar schädigend. Der häufig verwendete Begriff der »Schwunggymnastik« sollte für diese Form der Muskeldehnung vermieden werden, da er zu der (falschen) Annahme verleitet, dass sich die Güte einer dynamischen Dehnung aus ihrer Geschwindigkeit ergibt in dem Sinne, dass schnelles starkes Federn zu besseren Resultaten führt. Das Gegenteil ist der Fall. Nur relativ langsam und kontrolliert ausgeführte dynamische Dehnungen sind im Beweglichkeitstraining einzusetzen. Die einzelne Dehnung erfolgt mit hoher bzw. maximaler Intensität, wobei innerhalb einer Serie die Stärke des Dehnreizes zunehmend gesteigert wird. Jede Übung sollte 15–20mal ausgeführt werden, und mindestens 3 (besser 5) Serien sollten absolviert werden.

Die Vorteile aller dynamischen Muskeldehntechniken liegen darin, dass sie die vorherrschende Form der Beweglichkeitsbeanspruchung im Sport, die dynamische Einnahme weiter Bewegungsamplituden (z.B. bei einem weiten Ausfallschritt, der Schwungbeinbewegung im Hürdenlauf etc.) berücksichtigen. Da bei dynamischer Dehnung kurzzeitig größere Bewegungsamplituden erzielt werden können als bei statischen Übungsformen, leisten sie wahrscheinlich einen besseren Beitrag zur Verletzungsprophylaxe vor hohen sportlichen Belastungen als statische Formen. Überdies erfordern dynamische Übungen ein hohes Maß an motorischer Koordination, damit einerseits die optimale Dehnung erzielt wird und andererseits Überlastungen durch »zerrendes« oder »reißendes Dehnen« vermieden werden.

Diese wenigen Punkte lassen zugleich die Nachteile dynamischer Dehnmethoden offensichtlich werden. Bei zu schneller Bewegungsausführung kommt es nicht zu der angestrebten Dehnung der Muskulatur, da ruckartige Verlängerungen der Muskelfasern (über die Ia-Fasern der Muskelspindeln) einen Muskeldehnreflex auslösen, der zu reflektorischer Kontraktion führt (siehe auch Abschnitt zu den biologischen Grundlagen in Kapitel 2). Weiterhin werden die Grenzen zwischen maximaler Dehnung und Überdehnung/Schädigung bei dynamischen Übungen schneller überschritten als bei statischen. Die Anwendung dynamischer Formen der Muskeldehnung erfordern somit einen Übungs- und Gewöhnungsprozess.

Die einzelnen Übungen müssen vor einer optimalen Wirksamkeit sowohl hinsichtlich der präzisen Ausführung als auch bezüglich der eingesetzten Intensität (vor allem Geschwindigkeit der Bewegung und Krafteinsatz) erlernt werden. Der damit verbundene Gewinn an motorischer Steuerungsfähigkeit und Bewegungsgefühl ist dabei in jedem Fall auch als positive Wirkung dieser Form des Beweglichkeitstrainings zu bewerten.

Statisches Dehnen

Beim statischen Dehnen wird die durch die Muskulatur und die Struktur knöcherner Verbindungen vorgegebene Endstellung in einem Gelenk eingenommen und dann gehalten. Aufgrund dieser Ausführung ist im Zusammenhang von statischem Dehnen daher auch von *permanenter Dehnung, Dauerdehnung* oder *gehaltenem Dehnen* die Rede. Die Dehnposition wird entweder passiv (durch zusätzliche Kräfte) oder aktiv (durch die Kraft der Antagonisten) eingenommen.

Die ausschließlich **aktiv-statische Dehnung** ist als Spezialfall anzusehen, der aufgrund praktischer Hindernisse in reiner Form nicht zur Anwendung kommt. Die Kraft eines Muskels reicht nicht aus, um den antagonistisch wirkenden Gegenspieler maximal zu dehnen und den Dehnungszustand aufrechtzuerhalten. Zudem stellt die maximale Kontraktion eines Muskels bei gleichzeitiger vollkommener

Entspannung seines Antagonisten extreme Anforderungen an das intermuskuläre Koordinationsvermögen. Eine Dehnung ausschließlich durch Kontraktion antagonistisch wirkender Muskeln ist mit ausreichender Intensität kaum zu erreichen, so dass immer zusätzliche Kräfte eingesetzt werden müssen. Dies kann in Form von Kraftentfaltungen anderer Muskelgruppen geschehen (z. B. wenn bei einer Rumpfvorbeuge im Stehen der Oberkörper mit Hilfe der Armkraft weiter im Hüftgelenk abgewinkelt wird, um die Dehnung zu verstärken).

Die Grundform dieser Dehntechnik stellt daher das **passiv-statische Dehnen** eines Muskels dar. Ein Muskel wird dabei langsam in eine Dehnposition gebracht, in der eine subjektive Zunahme des Spannungsgefühls eintritt. Dieses Spannungsempfinden sollte nicht bis zum Einsetzen eines starken Dehnungsschmerzes forciert werden. Der Punkt einer Bewegung, an dem der Dehnungsschmerz eintritt, ist jedoch nicht nur bei unterschiedlichen Personen sehr verschieden (interindividuelle Variation), sondern schwankt je nach momentaner Stimmungslage, Konzentrationsfähigkeit und äußeren Bedingungen (z. B. Kälte) auch bei einer Person möglicherweise sehr stark[1]. Dem subjektiven Empfinden kommt somit bei der Einstellung der Intensität des Dehnreizes eine wesentliche Bedeutung zu.

Durch eine langsame Bewegungsausführung bis zum individuellen »Dehnungspunkt« wird das Auslösen des Muskeldehnreflexes verhindert bzw. das »Ansprechen« der Muskelspindeln verzögert, da diese neben der Intensität der Dehnung insbesondere auf die Geschwindigkeit einer Änderung der Muskellänge reagieren. Dies soll gewährleisten, dass der zu dehnende Muskel während der Dehnbelastung möglichst entspannt ist, d. h. der Längenänderung einen möglichst geringen Widerstand entgegensetzt. Durch wiederholte Ausführung dieser Art der Muskeldehnung wird dann eine Verschiebung der Reizschwelle der Muskelspindeln bewirkt, so dass diese bei folgenden Beanspruchungen erst bei einem höheren Dehnungsgrad eine Reflexantwort auslösen.

Neben dem Vorteil einer Unterdrückung oder verzögerten Auslösung des Dehnreflexes lassen sich noch weitere Vorteile der statischen Muskeldehnung anführen. Durch die langsame Ausführung können die Bewegungen gut kontrolliert und somit präzise ausgeführt werden. Eine langsame Einnahme der Dehnposition erlaubt die exakte Dosierung der Intensität der Belastung, was nicht zuletzt auch einen Schutz vor Überlastung der Strukturen des passiven Bewegungsapparates darstellt. Dadurch wird die Effektivität der Dehnung gesteigert und das Verletzungsrisiko gemindert. Zudem wird darauf hingewiesen, dass statische Dehnübungen weniger Energie benötigen als dynamische Formen (DE VRIES 1962, 228) und sich somit besser zur Unterstützung von Regenerationsprozessen eignen. Auf mögliche Bedenken und negative Effekte intensiver statischer Muskeldehnung als Maßnahme der Regeneration nach sportlichen Belastungen wurde an anderer Stelle hingewiesen (vgl. Kapitel 3). Ein bedeutender Vorzug statischer Dehnformen ist die Möglichkeit, hierbei einzelne Muskeln oder sogar Anteile von Muskeln gezielt zu dehnen. Während selbst an einer einfachen Bewegung immer verschiedene Muskeln beteiligt sind, erlaubt die statische Einnahme bestimmter Gelenkpositionen die isolierte Dehnung eines Muskels.

---

[1] Auf die Problematik der Intensitätssteuerung im Beweglichkeitstraining wird in Kapitel 5 ausführlich eingegangen.

Bei der Ausführung statischer Dehnübungen werden mehrere Varianten in der Literatur empfohlen. Die zumeist beschriebene Anleitung geht von einer langsamen Einnahme der Dehnposition aus, die dann unterschiedlich lange gehalten werden soll. Die Angaben zur Dauer der Dehnung schwanken zwischen 5 Sekunden und 2 Minuten. Empfohlen werden in der Regel 2–3 Wiederholungen pro Muskel- (-gruppe). In Bezug auf die Wirksamkeit unterschiedlich lange andauernder statischer Dehnprozeduren konnte ermittelt werden, dass permanente Dehnungen von 45 Sekunden und 2 Minuten zu keinen größeren Verbesserungen der Beweglichkeitsleistungen führen als eine Dehnung von 15 Sekunden Dauer (MADDING et al. 1987). Allerdings kann bislang nicht mit Sicherheit ausgeschlossen werden – da systematische Untersuchungen fehlen –, dass die Effekte längerer Dehnungen nach Ende des Trainings auch länger erhalten bleiben. Um eine dauerhafte Anpassung der bindegewebigen und muskulären Strukturen an Dehnbelastungen zu erreichen, sind regelmäßige, d. h. tägliche Beanspruchungen jedoch wichtiger als die Dauer der einzelnen Dehnprozedur.

Kraft und Beweglichkeit sind keine Gegensätze

Stretchingtechniken

Es werden nachfolgend vier Varianten des Stretchings kurz beschrieben. Die Formen 2–4 werden auch unter dem Begriff der **PNF-Techniken** (propriozeptive-neuromuskuläre Fazilitation) zusammengefasst, da ihre Wirksamkeit durch die Einflussnahme und Ausnutzung neuromuskulärer Reflexmechanismen begründet wird (MOORE/HUTTON 1980; ETNYRE/LEE 1987). Ursprünglich war die Propriozeptive-neuromuskuläre-Fazilitation als krankengymnastische Behandlungsmethode entwickelt worden. Hierbei wurde in erster Linie eine Verbesserung der intermuskulären Koordination intendiert. Da mit den verschiedenen Übungen jedoch zugleich positive Effekte in den Bereichen Beweglichkeit und Kräftigung erzielt wurden, fanden die PNF-Techniken auch Eingang in das sportliche Training.

81

1. »Zähes Dehnen« (synonym: »Passives Ausziehen«)

Das sog. »zähe Dehnen« stellt eine besondere Form der statischen Muskeldehnung dar. Bei dieser Methode erfolgt die Dehnung des Zielmuskels in zwei aufeinander folgenden Schritten. Zu Beginn wird der Muskel gedehnt, bis ein erster Dehnungsreiz spürbar wird. In dieser Position wird die **leichte Dehnung** (sog. »easy stretch«) für etwa 10 bis zu 30 Sekunden gehalten. Die exakte Dauer der ersten Dehnung wird aus dem individuellen Spannungsempfinden ermittelt. Wenn sich eine spürbare Spannungsminderung einstellt, wird unmittelbar zur zweiten Phase, dem **erweiterten Dehnen** (sog. »development stretch«) übergegangen. Hierbei wird die Muskulatur aus der leichten Dehnung noch einmal nachgedehnt und erneut für etwa 20 Sekunden in dieser Endposition gehalten.

2. Anspannungs-Entspannungs-Dehnen unter Ausnutzung der reziproken Hemmung

Wenn der Dehnung eines Muskels die maximale isometrische Kontraktion seines Antagonisten vorausgeht, wird durch Auslösung der reziproken Hemmung (vgl. Kapitel 2) eine Entspannung des Zielmuskels bewirkt. Soll zum Beispiel die hintere Oberarmmuskulatur (m. triceps brachii) gedehnt werden, können zuvor die Armbeuger maximal isometrisch angespannt werden. Die der Antagonistenkontraktion folgende Entspannung des Muskels soll dann eine stärkere Dehnung desselben ermöglichen, da der Muskel der dehnenden Kraft weniger Widerstand entgegensetzt.

3. Anspannungs-Entspannungs-Dehnen unter Ausnutzung der Eigenhemmung

Synonym für den hier gewählten Begriff wird diese Methode der Muskeldehnung auch als **postisometrisches Dehnen** und **CRS-Methode** (contract-relax-stretch oder CR-stretch) bezeichnet. Diese Technik ist die ursprünglich von SÖLVEBORN (1983) als Stretching bezeichnete Methode des Beweglichkeitstrainings. Das Charakteristische dieser Dehnmethode besteht in einer der Dehnung unmittelbar vorgeschalteten maximalen isometrischen Kontraktion des Muskels, der anschließend gedehnt werden soll. Dadurch erfolgt ein Spannungsreiz auf die Sehne, wodurch über die Golgi-Sehnenorgane die autogene Hemmung ausgelöst wird (vgl. Kapitel 2). Es kommt dann zu einer kurzzeitigen reflektorischen Entspannung des Muskels. Ziel des postisometrischen Dehnens ist es, diesen Zeitpunkt verminderter Spannung für eine intensivere Dehnung zu nutzen. Diese Unterdrückung der Reflexmechanismen ist jedoch nur für wenige Sekunden wirksam (DIETRICH 1989, 6; ULLRICH/GOLLHOFER 1994, 341). Die einleitende Kontraktion soll für mindestens 10 Sekunden aufrechterhalten werden, um dann unmittelbar nach dem Entspannen in die Dehnung überzugehen.

Da die Entspannung der Muskulatur nach maximaler Kontraktion deutlicher ausgeprägt ist als nach einer submaximalen Anspannung, ist anzunehmen, dass die besten Ergebnisse mit dieser Methode zu erzielen sind, wenn die Kontraktion mit höchstem Krafteinsatz erfolgt. Die Beschreibungen zur praktischen Durchführung sind jedoch nicht einheitlich. SÖLVEBORN (1983, 13) empfiehlt ursprünglich eine

20-sekündige Kontraktion mit anschließender Entspannung von 2–3 Sekunden und folgender Dehnung für weitere 20 Sekunden. Die der Anspannung und Entspannung folgende Dehnung kann entweder aktiv oder passiv (Partnerhilfe) durchgeführt werden. Hierbei reicht nach SÖLVEBORN (1983, 14) eine Übungswiederholung pro Muskel im Rahmen des Aufwärmens, während zur Unterstützung der Regeneration im Anschluss an andere Trainingsinhalte drei Wiederholungen empfohlen werden. Auf die Problematik dieser letzteren Vorgehensweise wurde bereits ausführlich eingegangen (vgl. Kapitel 3).

4. Statisches Dehnen mit Antagonistenkontraktion

Die angesprochene Problematik, dass die Reflexaktivität nur für wenige Sekunden zur Intensivierung einer sich anschließenden Dehnung ausgenutzt werden kann, soll durch diese Stretchingform umgangen werden. Sie stellt eine Variante des beschriebenen Anspannungs-Entspannungs-Dehnens dar. Durch eine starke Kontraktion des Antagonisten *während* der Dehnung des Agonisten soll dieser direkt mit Beginn der Übungsausführung in einem entspannteren Zustand sein. Auch hierbei ermöglicht der Entspannungszustand eine gesteigerte Dehnfähigkeit. Allerdings ist bei dieser Methode des Beweglichkeitstrainings die extreme Anforderung an die intermukuläre Koordination zu beachten, die vor einem sinnvollen Einsatz dieser Art der Muskeldehnung eine längere Einübungsphase erfordert. Zudem erlauben die funktionellen Gegebenheiten mancher Muskel-Gelenk-Systeme den Einsatz dieser Methode nicht.

Vergleichende Betrachtung und Einordnung der Trainingsmethoden

Für alle im Vorangegangenen besprochenen Muskeldehntechniken konnten sowohl Vorteile als auch Nachteile einer Anwendung im Rahmen des Trainings angeführt werden. Daraus ergibt sich die Frage nach der Empfehlung einer Methode für den Einsatz im Rahmen des mittel- und langfristigen Trainings und bei der Vorbereitung auf sportliche Beanspruchungen.

Mit dem Aufkommen der sog. Stretchingwelle Anfang der 80er Jahre insbesondere in den USA setzte auch im hiesigen Raum eine breite Diskussion über die Methoden und Inhalte des Beweglichkeitstrainings ein. Die Kritik an den herkömmlichen Trainingsinhalten, vor allem den vorherrschenden schwunghaft ausgeführten Dehnübungen und deren Charakterisierung als »Zerrgymnastik« (SÖLVEBORN 1983, 15), führte zu einer breiten Ablehnung herkömmlicher Methoden des Beweglichkeitstrainings. Zum Teil wurde die beweglichkeitssteigernde Funktion dynamischer Muskeldehnungen grundsätzlich bezweifelt, was angesichts der jahrzehntelangen Anwendung in der Trainingspraxis mit offensichtlichem Erfolg als unbegründet anzusehen ist (QUENZER/NEPPER 1997, 94).

Die anfängliche Euphorie und der Glaube, die »einzig wahre Methode« sei gefunden, verflog jedoch angesichts der Tatsache, dass das Stretching nur in einigen Sportarten breiten Eingang in den Trainingsalltag fand und die herkömmlichen Übungen weiterhin die vorherrschenden Inhalte blieben. Des Weiteren führte der Versuch, das Stretching als eigenständige Form der Sportausübung (ähnlich dem

83

Aerobic) zu etablieren, zunächst weg von dem anfänglichen Ziel, die Praxis des Beweglichkeitstrainings in den verschiedenen Sportarten einer kritischen Betrachtung und Revision zu unterziehen. Im Zuge der sich rasch vermehrenden empirischen Forschung musste mit Ernüchterung festgestellt werden, dass das Stretching in seinen verschiedenen Formen keinesfalls generell und nicht unter allen Bedingungen zu besseren Resultaten führt als die Methoden des Beweglichkeitstrainings, die in den Mittelpunkt der Kritik gerückt worden waren.

Die häufig mit ideologischem Eifer geführte Diskussion um die »richtigen« Inhalte und Methoden trug andererseits maßgeblich dazu bei, die oft unreflektierte Auswahl von Inhalten und gewohnheitsmäßig absolvierten Standardprogramme kritisch zu durchleuchten und in Hinblick auf ihre Effektivität zu prüfen (Schlagwort der »funktionellen Gymnastik«). Die inzwischen erreichte Versachlichung der Argumentation mit der zunehmenden Dichte empirischer Fakten erlaubt eine begründete Einordnung der verschiedenen Methoden des Beweglichkeitstrainings, wenn auch noch viele Fragen vor allem bezüglich der physiologischen Wirkmechanismen von beweglich machenden Übungen unbeantwortet sind. Alle Untersuchungen zeigen, dass sich die Bewegungsamplitude als Maß der Beweglichkeitsleistung durch jede der beschriebenen Methoden deutlich vergrößern lässt bzw. keine Methode das Ziel einer Verbesserung der Beweglichkeit verfehlt (HOLT et al. 1970; LUCAS/KOSLOW 1984; WYDRA et al. 1991). Je nach Zielsetzung, Adressatengruppe und Einsatzbereich findet jedoch eine unterschiedliche Gewichtung der einzelnen Methoden statt. Kurzfristig, im unmittelbaren Anschluss an die Dehnung (WYDRA et al. 1999), und mittelfristig, über 14 Tage (WYDRA et al. 1991), führen statische und dynamische Formen des Beweglichkeitstrainings zu vergleichbaren Effekten. Da bei statischen Dehnungen die absolute Dauer der Dehnreize über denen vergleichbarer dynamischer Übungen liegt, kann im Hinblick auf längerfristige Effekte oder der Konservierung trainingsbedingter Verbesserungen auf einen Vorteil statischer Dehnmethoden geschlossen werden. Positive Wirkungen auf die bindegewebigen Strukturkomponenten, mit einer Ausnutzung des »creeping-Phänomens«, sind wahrscheinlich nur bei regelmäßigen statischen Dehnprozeduren zu erzielen, da bei dynamischen Dehnungen die Dauer des gesamten Belastungsreizes zu kurz ist (ULLRICH/GOLLHOFER 1994, 340). Die höhere Kontrolle der Dehnung und damit die gezieltere Beanspruchung ausgewählter Muskelbereiche spricht ebenso für eine Bevorzugung statischer Dehnprozeduren bei der Ansteuerung langfristiger Beweglichkeitsverbesserungen.

Die Gefahr möglicher Schädigungen von Gelenkkapseln und Bändern durch intensive statische Dehnungen in unphysiologischen Gelenkpositionen und die fehlende Beanspruchung intermuskulärer (mehrere Muskeln einbeziehender) Koordination sind jedoch Nachteile, die gerade im sportlichen Training von Bedeutung sind. Insbesondere auch die Berücksichtigung spezifischer Bewegungsabläufe aus den verschiedenen Sportarten und die kurzzeitige Einnahme maximaler Bewegungsausschläge sprechen dafür, im sportlichen Training nicht auf dynamische Beweglichkeitsübungen zu verzichten.

Für den Einsatz passiver Beweglichmachung (durch Partnerhilfe) spricht die vermutlich größere Unabhängigkeit der zu erzielenden Belastung von motivationalen Einflüssen der Übenden. Demgegenüber kommt den aktiven Übungsformen im

Nachwuchsbereich und im Seniorensport aufgrund der zusätzlichen Kräftigung eine größere Bedeutung zu. Bei Kindern und Jugendlichen ist auch im Sinne der Belastungsverträglichkeit des passiven Bewegungsapparates eine solche Schwerpunktsetzung angeraten. In der neueren trainingswissenschaftlichen und methodischen Literatur zeichnet sich zunehmend die Empfehlung nach stärkerer Berücksichtigung dynamischer Übungsformen im Beweglichkeitstraining ab.

Nach der »Dehnungswende« scheint das Pendel nun in Gegenrichtung auszuschlagen. In differenzierten Betrachtungen wird inzwischen nahezu einhellig eine Kombination statischer und dynamischer Belastungen gefordert. Hierbei ist für ein sportartspezifisches Beweglichkeitstraining eine Reihung der Inhalte und Methoden zu beachten. Danach soll einem allgemeinen, den Kreislauf aktivierenden Einlaufen ein grundlegendes statisches Dehnprogramm folgen, als Basis für nachfolgende dynamische Dehnungen mit hoher Intensität und disziplinspezifischen Bewegungsformen (z. B. TIDOW 1997). Die Frage nach der »richtigen Methode« im Beweglichkeitstraining ist somit durch die Frage nach dem geeigneten Zeitpunkt und dem zugehörigen Trainingsziel für den Einsatz einer bestimmten Methode zu ersetzen. Einen zusammenfassenden Überblick der wichtigsten angesprochenen Punkte gibt Tabelle 6.

Tabelle 6
Techniken der
Muskeldehnung

Dehnmethode	Übungsausführung	Belastungsumfang	Vorteile	Nachteile
dynamisch-aktiv	• rhythmisch, mit geringer Geschwindigkeit • zunehmende Intensität in einer Serie	3–5 Serien 15–20 Wdh.	• koordinativer Anteil • Kräftigung • disziplinspezifisches Üben	• Effektivität setzt hohes Maß an motorischer Kontrolle voraus
dynamisch-passiv	• rhythmisch-geführt • geringe Geschwindigkeit • zunehmende Intensität in einer Serie	3–5 Serien 15–20 Wdh.	• weite Amplituden werden erzielt • Entspannung und Entlastung des Übenden	• keine Kräftigung des Antagonisten • Erfahrung des Trainingspartners muss gewährleistet sein
statisch-aktiv	• langsame Dehnung bis zum Einsetzen eines Spannungsempfindens	15 sec 1–3 Wdh.	• präzise und kontrollierte Belastung und dadurch Schutz vor Überlastung	• in reiner Form nicht praktikabel
statisch-passiv	• geführte Dehnung mit anschließendem Halten der Dehnposition	15 sec 1–3 Wdh.	• hohe Intensität • hohe Reizdauer • punktuelle, gezielte Dehnung • Entspannung des Übenden	• keine koordinativen und kräftigenden Anteile
neuromuskuläre Dehntechniken	• Dauerdehnung nach Kontraktion des Agonisten (CRS-Methode) oder des Antagonisten	20 sec Maximalkontraktion 2–3 sec entspannen 20 sec Dehnen 1–3 Wdh.	• gute Kontrolle • intensive Dehnung	• großer Zeitaufwand und teilweise schwierige Ausführung

Trainingsgrundsätze

Regelmäßiges Dehnen

Die positiven Wirkungen eines Beweglichkeitstrainings bleiben ebenso wie alle anderen Trainingseffekte nur dann erhalten bzw. können nur dann weiter ausgebaut werden, wenn die Beanspruchungen regelmäßig erfolgen. Konkrete Untersuchungen, die präzise Angaben dazu machen könnten, innerhalb welcher Zeiträume die durch Beweglichkeitstraining erzielten Verbesserungen der Bewegungsamplituden wieder vollständig abgeklungen sind, fehlen bislang. In den meisten Arbeiten wird ein zumindest dreimaliges Training pro Woche gefordert. Natürlich sind täglich durchgeführte Dehnübungen wünschenswert, jedoch nicht zwingend notwendig, um eine Verbesserung der Beweglichkeit zu bewirken. Unter dem Aspekt der Verbesserung und des Erhalts einer guten Gelenkfunktion sind jedoch zumindest tägliche Mobilisationen aller großen Gelenksysteme sinnvoll. Intensive Muskeldehnungen sollten je nach Leistungsniveau und sportlicher Zielsetzung 2–3mal wöchentlich erfolgen, wobei eine gleichmäßige Verteilung der Trainingseinheiten über die gesamte Woche – und damit auch eine ausreichende Regenerationsphase zwischen den Beanspruchungen – anzustreben ist. Beweglichkeitstraining ist überdies ganzjährig in den Trainingsablauf zu integrieren.

Dehnen ersetzt kein Aufwärmen

Die Dehnung der großen Muskelgruppen sollte zwar Bestandteil jedes Aufwärmprogramms sein, als Ersatz für das allgemeine Aufwärmen kann sie jedoch nicht dienen. Durch das Einlaufen (auch Schwimmen, Radfahren etc.) werden große Anteile der Muskulatur beansprucht und so das Herz-Kreislauf-System sowie die motorischen Systeme aktiviert bzw. auf eine höhere Belastung eingestellt. Diese Aktivierungsfunktion leistet ein Beweglichkeitstraining nicht (HANAFI et al. 1986). Intensive Dehnungsprogramme können sogar gegenteilige Effekte nach sich ziehen, wie in Kapitel 2 ausführlich beschrieben wurde.
Als Bestandteil eines allgemeinen und/oder sportartspezifischen Aufwärmens werden Intensität und Umfang der eingesetzten beweglich machenden Übungen an der Art und den Zielen der nachfolgenden Belastung ausgerichtet. Analog zur Unterscheidung eines allgemeinen und eines disziplinspezifischen Aufwärmens kommen dabei zunächst Dehnübungen für die großen Muskelgruppen zum Einsatz (»allgemeines Beweglichkeitstraining«), bevor spezielle Dehnübungen für die sportartspezifisch besonders beanspruchten Muskelbereiche zum Einsatz gelangen.

Übung und Erfahrung sind wichtig (»Dehnen wird erlernt«)

Ebenso wie in allen anderen Bereichen des sportlichen Trainings müssen die Trainingsübungen, die zur systematischen Leistungsverbesserung eingesetzt werden sollen, zunächst in ihrem Ablauf erlernt werden. Neben der richtigen Ausgangsposition und Körperhaltung sind für den Trainingserfolg insbesondere der Ablauf und die Intensität der Dehnung von Bedeutung. Während der (äußere) Ablauf mit Hilfe von Praxisdemonstrationen (z. B. durch Trainer und Übungsleiter/in) der Regel leicht erlernt wird, benötigt die richtige Dosierung der Muskeldehnung (Spüren des Dehnreizes) einen gewissen Übungsprozess. Durch häufiges und vor allem regelmäßiges Dehnen (s. o.) muss nach und nach ein Gefühl für die Muskelspannung aufgebaut werden. Da das Gefühl der Muskelspannung starken individuellen Schwankungen unterworfen sein kann (z. B. durch psychische Belastungen außerhalb des Sports oder aber Umgebungsbedingungen wie Temperatur, Beleuchtung etc.), erfordert das Beweglichkeitstraining in besonderem Maße eine individuelle Ausrichtung der Belastungsnormative (vgl. auch Kapitel 5).

Einfache Ausführung der Übungen

Übungsformen zur Verbesserung der Muskeldehnfähigkeit sollen nach Möglichkeit nicht zuletzt unter dem Aspekt der Praktikabilität ausgewählt werden. Aufwendige Geräteunterstützung ist ebenso hinderlich wie allzu komplizierte Ausführungen. Zu bevorzugen sind daher Übungen, die ohne Zusatzgeräte gemacht werden können und deren Ausgangsposition sowie Durchführung innerhalb kurzer Zeiträume auch von Neueinsteigern zu bewältigen sind. Dieser Grundsatz widerspricht nicht der Tatsache, dass Dehnübungen einen gewissen Lernprozess erfordern. Dieser sollte sich aber vielmehr auf die individuelle Optimierung der Belastung und weniger auf die Aneignung der Übungsform richten.

Genauigkeit von Ausgangsstellung und Bewegungsausführung

Die Ausgangsposition sowie die Art der Bewegungsausführung entscheiden bei vielen Übungen aus dem Beweglichkeitstraining darüber, welcher Muskel (bzw. welche Muskelgruppe) in die Dehnung einbezogen wird und welche Bereiche unbeansprucht bleiben. So verlagert sich beispielsweise die Dehnung der Wadenmuskulatur unter zunehmender Beugung im Kniegelenk hin zu den näher an der Achillessehne gelegenen Muskelanteilen (SCHNACK 1997). Die Einnahme der Ausgangsstellung vor Beginn der Dehnung und die anschließende Bewegung sollten daher möglichst präzise erfolgen. Neben der Anleitung durch Trainer und Übungsleiter sichert vor allem das angesprochene Erfühlen des Dehnungsreizes die Möglichkeit, falsche Übungsausführungen zu korrigieren.

Zusätzlich zum genannten Aspekt dient die Genauigkeit der Übungsausführung der Vermeidung unphysiologischer Belastungen der Gelenke (MAEHL 1986 b, 962). Die Hohlkreuzbildung bei der Dehnung der vorderen Hüftmuskulatur oder die Scherbelastung im Kniegelenk durch falsche Übungsausführung zur Dehnung der Adduktoren sind häufig zu beobachtende Formen, die verhältnismäßig leicht durch Überprüfung und Korrektur der Bewegung zu vermeiden sind.

Agonist und Antagonist dehnen

Die einseitige (intensive) Muskeldehnung entweder ausschließlich der in einem Gelenk beugend oder streckend wirkenden Muskulatur birgt die Gefahr muskulärer Ungleichgewichte in sich. Um die Folgen einer solchen, stark auseinanderscherenden Leistungsfähigkeit antagonistischer Muskeln zu vermeiden (Verletzung, Muskelschmerz, Leistungsminderung), sollte nach dem Prinzip verfahren werden, wonach der Dehnung der Strecker (Beuger) eines Gelenks immer die Dehnung der antagonistisch wirkenden Muskeln folgt.

Muskelschmerzen vermeiden

Die Forderung nach hohen bis maximalen Intensitäten im Beweglichkeitstraining darf nicht durch falschen Ehrgeiz zu der Annahme verleiten, dass nur unter Tolerierung erheblicher Muskelschmerzen ein Trainingseffekt zu erzielen sei. Schmerzen sind ein Schutzmechanismus des Körpers und sollten nicht ignoriert werden. Der Dehnschmerz äußert sich in einer als unangenehm empfundenen Spannung der Muskulatur. Die Dehnung muss spürbar sein als ein gesteigertes Spannungsempfinden der betreffenden Muskulatur, welches jedoch für einige Zeit tolerierbar ist.

Dehnung und Kräftigung ergänzen sich

Beweglichkeitstraining ist eine Trainingsart, die in Verbindung mit anderen Formen körperlich-sportlicher Betätigung zur Steigerung der Leistungsfähigkeit, zum allgemeinen Wohlbefinden und Spaß am Sport beitragen kann. Als alleiniger Trainingsinhalt sind muskeldehnende und gelenkmobilisierende Übungen sinnlos oder sogar schädigend.

Beweglichkeit und Kraft sind keine Gegensätze, die sich ausschließen (siehe dazu Kapitel 3), sondern im Gegenteil zwei eng miteinander verwobene Aspekte der motorischen Leistungsfähigkeit. Gelenke, die durch eine stark dehnbare Muskulatur einen weiten Bewegungsspielraum aufweisen, sind in besonderem Maße auf eine ausreichende Stabilisierung durch ebendiese Muskulatur (und einen funktionsfähigen Bandapparat) angewiesen. Zwar ist eine direkte Kombination von Kraft- und Beweglichkeitstraining innerhalb einer Trainingseinheit aufgrund der beschriebenen Mechanismen problematisch, langfristig ist eine Berücksichtigung beider Aspekte aus funktioneller Perspektive aber zwingend notwendig. Das bedeutet, ein gedehnter (gekräftigter) Muskel muss nicht unmittelbar (in der gleichen Trainingseinheit) gekräftigt (gedehnt) werden, beide Trainingsziele sind jedoch angemessen zu berücksichtigen. Eine mögliche Schwerpunktsetzung ergibt sich hierbei aus sportartspezifischen Anforderungen einerseits sowie individuell vorliegenden Stärken und/oder Defiziten andererseits.

Bei angenehmen Außentemperaturen üben

Während Dehnübungen im Rahmen eines Aufwärmprogramms aus organisatorischen Gründen häufig auch unter ungünstigen äußeren Bedingungen stattfinden müssen, sollte intensives Beweglichkeitstraining zur Steigerung maximaler Bewegungsamplituden nicht bei niedrigen Außentemperaturen durchgeführt werden. Kälte führt unter anderem zur reaktiven Erhöhung des muskulären Tonus, wodurch die Widerstände der Muskulatur gegenüber Dehnreizen ansteigen. Insbesondere in den Freiluftsportarten sollten Trainingseinheiten, in denen die Beweglichkeit einen inhaltlichen Schwerpunkt bildet, nach Möglichkeit in geschlossene Räumlichkeiten verlegt werden.

Kein Luftanhalten

Beweglichkeitstraining ist, wie bereits mehrfach angesprochen, erheblich effektiver, wenn sich die Muskulatur in einem möglichst entspannten Zustand befindet. Ein Anhalten der Luft vermindert nicht nur kurzzeitig die Sauerstoffzufuhr des Organismus, sondern ist zudem mit der Anspannung unterschiedlicher Muskeln verbunden. Die optimale Entspannung der Muskulatur als Voraussetzung effektiver Dehnung wird somit durch die Atemunterbrechung verhindert. Bei allen beweglich machenden Übungen ist auf ein ruhiges Weiteratmen während der Durchführung zu achten.

Orientierung an sportartspezifischen bzw. folgenden Beanspruchungen

Die Art des Beweglichkeitstrainings variiert unter Umständen erheblich, je nach Ziel und Inhalt der nachfolgenden Beanspruchungen. Sowohl die Intensität der angewendeten Dehnreize als auch deren sportartbezogene Spezifik sind beispielsweise innerhalb der Vorbereitung auf einen Wettkampf (größerer Anteil dynamischer und disziplinspezifischer Inhalte) anders gewichtet als innerhalb eines Trainingsabschnitts mit dem Ziel, die maximale Bewegungsamplitude zu erweitern (maximale Intensität und Übungen mit unterschiedlich starkem Disziplinbezug). Beweglichkeitstraining wird somit nicht nach Inhalt und Durchführung standardisiert und routinemäßig wiederholt.

 5 Steuerung des Beweglichkeitstrainings

Leistungssteuerung

Eine Optimierung der sportmotorischen Leistungsfähigkeit, als generelles Ziel des sportlichen Trainings, ist neben einer langfristigen Abfolge von Belastungsreizen vor allem auch an eine ständige Anpassung der Trainingsinhalte, -mittel und -methoden an das momentane Leistungs- und Entwicklungsniveau der Sportler gebunden. Dieser Prozess einer schrittweisen Optimierung beinhaltet eine zielgerichtete Trainingsplanung, eine Analyse des Leistungsvermögens, die systematische **Trainingsdurchführung** sowie begleitende Trainingskontrollen und sich anschließende **Auswertungen des Trainings**. Diese Schritte beschreiben die Bestandteile der komplexen **Leistungssteuerung** (Trainingssteuerung). Im Anschluss an GROSSER et al. (1986, 12) kann Leistungssteuerung wie folgt definiert werden:

Leistungssteuerung in Training und Wettkampf bedeutet die gezielte, wissenschaftlich unterstützte kurz- und langfristige Abstimmung aller für die Planung, Durchführung, die Kontrollen, Auswertung und Korrekturen notwendigen Maßnahmen zum Zwecke der Leistungsoptimierung.

Da die Kontrolle und Auswertung des Trainings im Sinne einer Rückkopplung die erneute Planung und folgende Durchführung beeinflussen, wird die Leistungssteuerung in Anlehnung an kybernetische Modelle als Regelkreis dargestellt (Abb. 24). Die aufgeführten Schritte der Trainings- /Leistungssteuerung werden im Folgenden kurz erläutert (für eine ausführliche Darstellung vgl. GROSSER et al. 1986 und HOHMANN 1994).

Komponenten und Phasen der Leistungssteuerung

1. Sportart- und Leistungszustandsanalyse

Allgemeine Grundlage und Voraussetzung einer gezielten Leistungssteuerung ist die Analyse der konkreten Anforderungen einer Sportart/Disziplin. Das sog. **Anforderungsprofil** beinhaltet die konditionellen, koordinativ-technischen, psychischen und körperlichen Anforderungen an die Sportler sowie die Analyse der sportartspezifischen Bewegungsabläufe hinsichtlich ihrer biomechanischen und leistungsphysiologischen Belastungscharakteristika. Ein Beispiel für eine Anforderungsprofilanalyse unter dem Aspekt der zu bewältigenden Beweglichkeitsanforderungen findet sich zum Beispiel bei TIDOW (1997) für den leichtathletischen Hürdenlauf. Wenn die konkreten Anforderungen einer Disziplin im Detail bekannt sind, kann mittels sportmotorischer, medizinischer, psychologischer und biomechanischer Testverfahren der Leistungszustand sportartbezogen als Ist-Wert erhoben werden (**Eingangsdiagnose**).

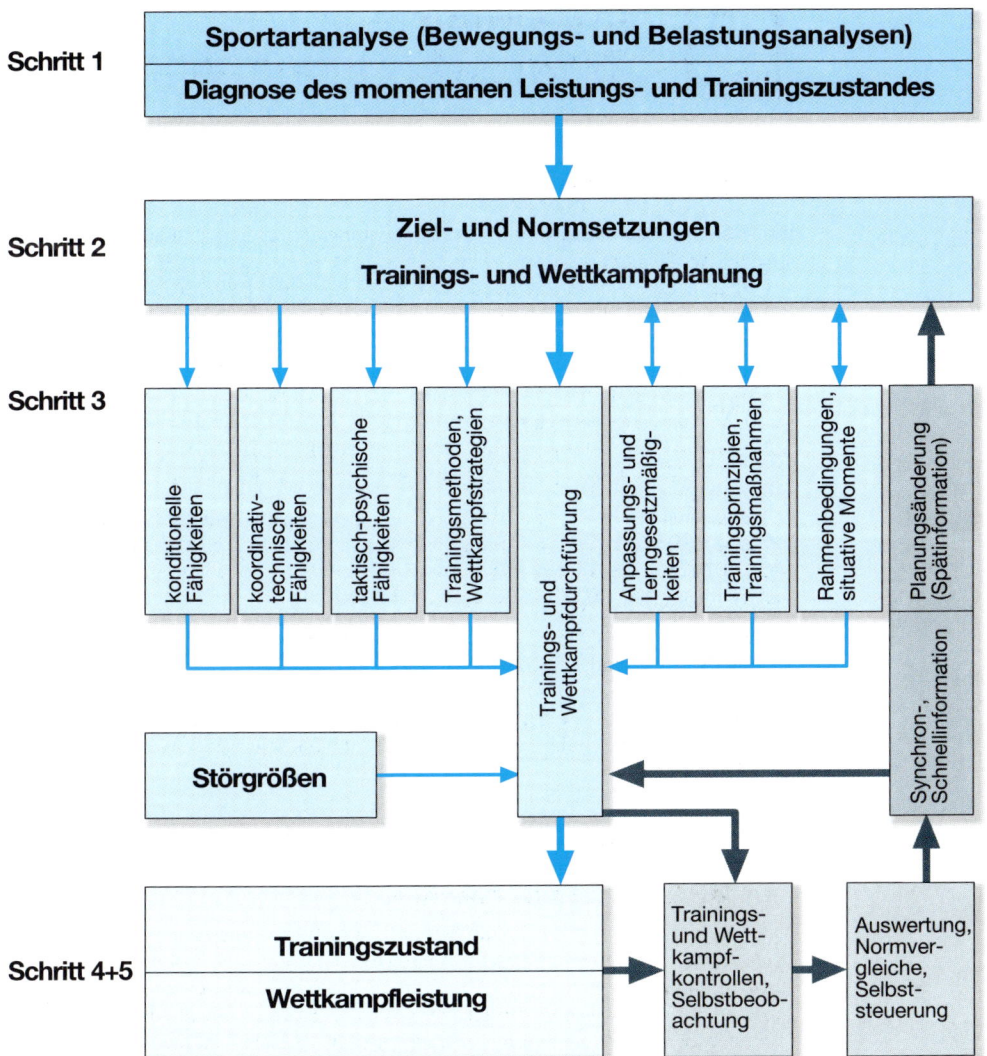

Abb. 24
Modell der Steuerung und Regelung der sportlichen Leistung in Training und Wettkampf
(nach GROSSER et al. 1986, 17)

2. Trainings- und Wettkampfplanung

In Kenntnis der Anforderungen der Sportart sowie des individuellen Leistungsvermögens kann dann eine Festlegung von Zielsetzungen erfolgen, die wiederum die Grundlage der Trainings- und Wettkampfplanung bildet. Für unterschiedlich lange Zeiträume werden Leistungsziele formuliert und in kurz-, mittel- und langfristige Planungsabschnitte eingearbeitet (vgl. Ausführungen in Kapitel 1).

3. Trainings- und Wettkampfdurchführung

Kristallisationspunkt aller Maßnahmen zur Leistungssteuerung bleibt die praktische Durchführung von Trainingseinheiten und sportlichen Wettkämpfen. Sie ist zugleich Ansatzpunkt der Kontroll- und Auswertungsverfahren und Gegenstand der Planung sowie ein Einsatzgebiet der **Diagnostik.**

4. Trainings- und Wettkampfkontrolle

Mit fortschreitendem Leistungsniveau werden die Maßnahmen zur Leistungskontrolle umfangreicher und zugleich differenzierter. Im Hochleistungssport wird häufig nahezu jede Trainingseinheit durch Messungen, Tests und Beobachtungsverfahren für eine möglichst lückenlose Erfassung von Leistungszuständen und deren Veränderung genutzt. Zusätzlich erfüllen die Wettkämpfe eine wichtige Kontrollfunktion, da eine maximale Ausschöpfung der individuellen Leistungsfähigkeit oft nur in der Wettkampfsituation gelingt und diese somit einen wichtigen Vergleichswert zu den häufiger erhobenen Trainingsdaten liefert.

Neben den »objektiven« Trainings- und Wettkampfkontrollen kommt der »subjektiven« Einschätzung durch den Trainer eine beachtliche Bedeutung zu. Da die Ursache für überdurchschnittliche Leistungen oft gerade in der Abweichung von biomechanischen Normwerten und Technikleitbildern (vgl. Kapitel 1) besteht, weil nur auf diese (individuelle) Weise die jeweiligen Leistungsvoraussetzungen optimal eingesetzt werden, sieht das geschulte Auge des Trainers unter Umständen mehr (bzw. Wichtigeres) als die gerätegestützte Diagnostik. In diesem Sinne unterstützt die objektive Datenerfassung das Expertenurteil, ohne die Aufgaben des Trainers ersetzen zu können.

5. Auswertung, Information und Korrektur

Eine Auswertung der durchgeführten Trainings- und Wettkampfkontrollen liefert Informationen über den Zusammenhang von angestrebten Zielen, perspektivischen Planungen (Schritt 2) und tatsächlich erreichten Ergebnissen. Die Informationen dienen entweder der unmittelbaren Korrektur von Trainingsprozessen (Synchron- und Schnellinformation) oder der mittel- und langfristigen Revision und Änderung von Planungsentscheidungen. Korrektur in diesem Verständnis ist dann keine Umstellung eines »falschen Trainings«, sondern die notwendige Anpassung an sich ändernde Bedingungen und Voraussetzungen.

Planung des Beweglichkeitstrainings

Beweglichkeit im langfristigen Trainingsprozess

Bei der Darstellung der Entwicklung der Beweglichkeit in den verschiedenen Altersbereichen wurde betont, dass ein Training der Beweglichkeit über die gesamte Lebensspanne – jedoch jeweils unter verschiedenen Gesichtspunkten und Schwerpunktsetzungen – bedeutsam ist. Ebenso ist das systematische Beweglichkeitstraining ein notwendiger Bestandteil aller Stufen des langfristigen Trainingsprozesses, von der vielseitigen sportmotorischen Grund- oder Basisausbildung über das Grundlagen-, Aufbau- und Anschlusstraining bis in den Hochleistungsbereich hinein. Im Verlauf dieser Abschnitte ist das Beweglichkeitstraining durch drei Merkmale gekennzeichnet, nämlich durch zunehmende

- *Spezifität*,
- *Individualisierung* und
- *Leistungsdiagnose* bzw. *-kontrolle*.

Zu Beginn des langfristigen Trainings (bei Anfängern bzw. im Kindesalter) steht das Heranführen an ein regelmäßiges Dehnen der Muskulatur mit dem Ziel der Erhaltung der zumeist guten allgemeinen Beweglichkeit im Mittelpunkt (vgl. auch Kapitel 3). Eine sportartspezifische Ausrichtung der Inhalte setzt umso früher ein, je bedeutsamer eine überdurchschnittliche Beweglichkeit für die komplexe Leistung ist. Während zum Beispiel in den Sportspielen noch eine allgemeine Beweglichkeitsschulung vorherrschend ist, wird im Gerätturnen oder Wasserspringen bereits eine Berücksichtigung sportartgerichteter Dehnübungen erforderlich. Somit ist das jeweilige Anforderungsprofil der Sportart eine entscheidende Größe bei der Planung einer zunehmenden Spezialisierung im Beweglichkeitstraining. Zusätzlich ist der Anteil spezieller Trainingsmittel zur Ausbildung disziplinspezifischer Beweglichkeit am Gesamtumfang umso höher, je bedeutsamer der Beweglichkeitsanteil insgesamt für die Leistungsentwicklung einzuschätzen ist.

Im Rahmen des Aufbau- und Anschlusstrainings tritt dann zu der Spezialisierung eine stärkere Individualisierung des Trainings hinzu. Die Berücksichtigung und konsequente Einbeziehung individueller Stärken und Schwächen (z. B. einzelne Gelenke betreffende Defizite) bei der Planung des Beweglichkeitstrainings erfordert zum Teil erhebliche Differenzen bezüglich des Umfangs und der Häufigkeit intensiven Beweglichkeitstrainings bei unterschiedlichen Sportlern. Die Übungen zur Verbesserung bzw. zum Erhalt einer guten allgemeinen Beweglichkeit bleiben bei allen Sportlern zudem immer ein Bestandteil des Trainings. Im Hochleistungsbereich ist das Beweglichkeitstraining in seiner Ausrichtung zugleich sportartspezifisch und hoch intensiv. Darüber hinaus finden die dehnenden und mobilisierenden Übungen insbesondere im Rahmen der Verletzungsprophylaxe, zur Regenerationsunterstützung (»Muskelpflege«) und als **Ausgleichstraining** Anwendung. Ziele, Inhalte, Methoden und Stellenwert des Beweglichkeitstrainings unterliegen somit im Verlauf des langfristigen Trainingsprozesses Veränderungen, die bei der Planung des Trainings zu berücksichtigen sind.

Beweglichkeit im Verlauf des ganzjährigen Trainings

Auch innerhalb eines Trainingsjahres wird die Beweglichkeit zu verschiedenen Zeitpunkten in unterschiedlichem Maße in das Gesamttraining einbezogen. Mit zunehmender Bedeutung für die Leistung in einer Sportart nimmt der Anteil des Beweglichkeitstrainings am gesamten Training zu. Jedoch auch in den Sportarten und Disziplinen, für die eine hohe Beweglichkeit nicht unmittelbar leistungsrelevant ist, muss das Beweglichkeitstraining *ganzjährig in den Trainingsablauf integriert* werden. Die Tatsache, dass Effekte eines Muskeldehntrainings zum Teil relativ schnell nach Trainingsende wieder abklingen (vgl. auch Kapitel 3) und bei fehlender Beweglichkeitsbeanspruchung sich rasch Leistungsreduktionen einstellen, erfordert eine gleichmäßige Verteilung des Trainings der motorischen Beweglichkeit über das gesamte Trainingsjahr. Eine Blockbildung, wie sie in einigen Sportarten im Spitzenbereich vor allem im Technik- und Koordinationstraining Anwendung findet (MARTIN et al. 1993, 253 f.), ist demnach im Beweglichkeitstraining keinesfalls sinnvoll.

Ein Minimum dehnender und mobilisierender Übungen sollte – wenn nicht in jeder Trainingseinheit, so dann zumindest 2–3mal wöchentlich – systematisch durchgeführt werden. Ein höherer oder aber reduzierter Anteil von Inhalten aus dem Beweglichkeitstraining in Trainingsphasen mit speziellen Schwerpunkten widerspricht dieser Forderung nach ganzjährigem Training der Beweglichkeit dabei nicht.

Beweglichkeitstraining im Wochenverlauf (Mikrozyklus)

Unter der Voraussetzung, dass ein 2–3maliges intensives Dehntraining pro Woche stattfindet, muss dieses zeitlich so angesetzt werden, dass es nicht in die Regenerationsphase nach Kraftbeanspruchungen gelegt wird. Diese Forderung ergibt sich aus den beschriebenen teilweise vergleichbaren Beanspruchungsreaktionen des muskulären Systems auf Kraft- und Beweglichkeitsbelastungen (vgl. Kapitel 3). Die **Regenerationsdauer** bis zur völligen Widerherstellung der Leistungsfähigkeit wird nach intensivem Krafttraining mit 48 bis zu 84 Stunden angegeben. Eine eingeschränkte Regeneration (90–95 %) kann immer noch bis zu 24 Stunden benötigen (EHLENZ et al. 1995, 135). Zwischen zwei intensiven Trainingseinheiten mit Schwerpunkten in den Bereichen Kraft und Beweglichkeit sollten demnach etwa 48 Stunden liegen, gegebenenfalls mit dazwischen liegendem Belastungswechsel (z. B. Grundlagenausdauertraining).

Beweglichkeit innerhalb einer Trainingseinheit

Im Rahmen einer Trainingseinheit ergibt sich die Platzierung des Beweglichkeitsanteils aus der kurzzeitigen Wechselwirkung mit den anderen Inhalten. Als Bestandteil des Aufwärmens ist die Intensität und Spezifik auf die Art der Folgebelastung abzustimmen. Intensive Programme zur Muskeldehnung sind nach Möglichkeit nicht mit ausgedehntem Schnellkrafttraining zu kombinieren. Eine Alternative zur üblichen Integration des Beweglichkeitstrainings in den einleitenden Teil wäre eine

Durchführung im Anschluss an das Technik- und Koordinationstraining oder nach Ausdauer- und Schnelligkeitsleistungen. Jedoch fehlen noch Befunde und systematische Erfahrungen, die eine endgültige Beurteilung ermöglichen.

Grundsätzlich stellt das Beweglichkeitstraining eine Belastung dar und ist nicht per se als Regenerationsmaßnahme zu bewerten (vgl. Kapitel 3). Intensive Muskeldehnung ist als eigenständiger inhaltlicher Schwerpunkt einer Trainingseinheit zu planen und somit nicht zwangsläufig in den einleitenden Teil zu integrieren. Als Bestandteil des Aufwärmens oder zur Einleitung der Regenerationsprozesse sind submaximale Dehnintensitäten sowie mobilisierende und lockernde Übungen zu beachten.

Eine gut ausgebildete Beweglichkeit kann den entscheidenden Punkt sichern helfen

Belastungsgestaltung im Beweglichkeitstraining

Unter dem Begriff der Belastungsgestaltung wird die Festlegung der Belastungsnormative (vgl. Kapitel 1) innerhalb einer Trainingsart (hier dem Beweglichkeitstraining) verstanden (THIESS/SCHNABEL 1986, 32). Orientierungswerte zur Bestimmung der Trainingshäufigkeit und zum Gesamtumfang wurden im vorangegangenen Abschnitt bereits angesprochen. Vergleichsweise schwierig stellt sich hingegen die Angabe optimaler Intensitätsbereiche und Mindestanforderungen bezüglich der Belastungsdauer dar.

Zur Erhaltung einer guten Beweglichkeit ist ein 2–3maliges Training pro Woche ausreichend. Bei Leistungsdefiziten oder bei Untrainierten führt diese **Trainingshäufig-**

95

keit schon zu Verbesserungen (HOLT et al. 1970; HARTLEY O'BRIEN 1980; LUCAS/KOSLOW 1984; ETNYRE/LEE 1988). Da die Trainingshäufigkeit im Anfänger- und Nachwuchsbereich zumeist 2–3 Einheiten nicht überschreitet, wären Dehnübungen in jeder Einheit zu fordern. Mit steigendem Niveau der Beweglichkeit vergrößert sich die aufzuwendende Trainingsarbeit, um einen Erhalt oder gar Ausbau der Beweglichkeit zu erzielen. In Sportarten mit hohen Beweglichkeitsanforderungen (Turnen, Wasserspringen, Gymnastik) ist eine nahezu tägliche Durchführung beweglich machender Übungen erforderlich und eine Verbesserung erfordert teilweise sogar ein 2maliges Training pro Tag (ZACIORSKIJ 1972, 110; HARRE 1986, 183).

Im Gegensatz zum Kraft-, Ausdauer- und Schnelligkeitstraining, wo die Intensität relativ präzise durch Angaben von Trainingsgewichten oder Zeitangaben in Relation zur Maximalleistung angegeben wird, erfordert die **Intensitätssteuerung im Beweglichkeitstraining** in besonderem Maße die Berücksichtigung der subjektiven Belastungsempfindung des Sportlers. In der trainingsmethodischen Literatur werden die »Schmerzschwelle« oder das »Spannungsempfinden« des Übenden als Mittel zur Intensitätssteuerung angegeben. Allerdings reicht die Spannweite der Empfehlungen vom »Einsetzen eines leichten Dehngefühls« bis zur »Schmerzgrenze«. Die Übergänge von einer spürbaren Veränderung des Spannungsempfindens zu einem Einsetzen des Dehnungsschmerzes sind fließend und zudem individuellen und von äußeren Bedingungen abhängenden Schwankungen unterworfen (vgl. auch Kapitel 2). Eine Dehnung, die sich nicht in einer Veränderung des muskulären Spannungsempfindens spiegelt, kann als unwirksam angesehen werden. Bei Dehnungen, die das Spannungsgefühl spürbar verändern, ist für »weiche«, submaximale Dehnungen ebenso wie für maximale mit (unterschiedlich starker) Schmerzempfindung verbundene Dehnungen eine Verbesserung der Beweglichkeitsleistung nachgewiesen.

Kurzzeitig, d.h. im unmittelbaren Anschluss an die Durchführung beweglich machender Übungen, ist das Maß der Verbesserung (Veränderung der maximalen Bewegungsweite) nach maximaler Dehnung deutlich höher als nach submaximalem (weichem) Dehnen (MARSCHALL 1999, 7). Diese Erkenntnisse sind für das Training unter zwei Aspekten von weitergehender Bedeutung: In Verbindung mit den Ergebnissen zu möglichen leistungsreduzierenden Effekten intensiver Dehnprozeduren auf das Schnellkraftniveau erscheinen zum einen submaximale Intensitäten im Rahmen der Vorbereitung auf sportliche Beanspruchungen geeigneter als Dehnungen mit maximaler Intensität. Eine mittel- und langfristige Verbesserung der Beweglichkeitsleistungen setzt zwar keine ausschließliche Anwendung maximaler Dehnintensitäten voraus, legt jedoch eine mehrheitliche Anwendung (individuell) hoher und höchster Intensitäten nahe. Zum anderen bietet das Einsetzen eines spürbaren, aber zu tolerierenden Spannungsanstiegs in der gedehnten Muskulatur derzeit die beste Möglichkeit einer Vorgabe für die Intensitätssteuerung im Beweglichkeitstraining. Diese Überlegung unterstreicht die als Grundsatz für das Beweglichkeitstraining formulierte Aussage, wonach individuelle Übungsprozesse und Erfahrungsbildung im Beweglichkeitstraining einen hohen Stellenwert einnehmen (vgl. Kapitel 4).

Der **Umfang des Beweglichkeitstrainings** ist erheblichen Schwankungen unterworfen. Im Rahmen des Aufwärmens als Vorbereitung auf weitere Belastungen kann die

Anwendung beweglich machender Übungen teilweise nur einige Minuten in Anspruch nehmen. Ein intensives Dehnprogramm, bei dem die wichtigsten großen Muskeln (Muskelgruppen) und Gelenke berücksichtigt werden und jeweils mit 3–5 Serien und entsprechenden Wiederholungen gearbeitet wird, kann bereits über eine Stunde dauern. Hier sind sicherlich Kompromisse im Sinne der Praktikabilität erforderlich, etwa in der Weise, dass nicht in jedem Training alle Muskeln intensiv gedehnt werden, sondern ein systematischer Wechsel erfolgt. Bei nachfolgenden intensiven Schnellkraftbeanspruchungen der unteren Extremitäten wäre beispielsweise die Verbindung mit einem Dehnprogramm für den Bereich der oberen Extremitäten zweckmäßig. Bei einem insgesamt 4–5maligen Training pro Woche wäre mit einer umfassenden Beweglichkeitseinheit und 3–4 aufgeteilten Einheiten eine Berücksichtigung aller Körperbereiche in ausreichendem Umfang gesichert. Damit bei solchen partiellen Schwerpunktsetzungen im Beweglichkeitstraining keine Defizite dadurch entstehen, dass bestimmte Gelenkbereiche »regelmäßig übergangen« werden, ist bei dieser Art der Ein- und Verteilung der Inhalte eine trainingsbegleitende Dokumentation und Auswertung absolvierter Belastungen angeraten.

Bei untrainierten Personen stellen sich schon nach wenigen Übungsausführungen pro Trainingseinheit und Gelenkbereich Verbesserungen der Beweglichkeit ein (HOLLMANN 1990, 39; WYDRA 1997, 422). Einem häufigeren, aber kürzeren Training ist somit der Vorzug vor einzelnen hochintensiven Trainingseinheiten zu geben. Die Anzahl zu absolvierender Übungsserien und Wiederholungen differiert je nach eingesetzter Methode (vgl. auch Kapitel 4). Da die Dauer des einzelnen dehnenden Reizes bei dynamischen Übungen geringer ist als bei gehaltenem Dehnen, erfordern dynamische Trainingsformen eine höhere Serien- und Wiederholungszahl. Als Orientierungswerte können folgende Daten angegeben werden:

- Dynamische Dehnungen mit 15–20 Wiederholungen und 3–5 Serien pro Übung.
- Statische Dehnübungen mit 2 Wiederholungen pro Muskel und 15-sekündigem Halten der Dehnung.

Die Belastungsdichte im Beweglichkeitstraining ist hoch, d.h. zwischen zwei Serien reichen Pausen von bis zu einer Minute aus. Diese kurzen Pausen sind unter anderem deshalb zweckmäßig, damit kurzzeitige Effekte einer Dehnung in der anschließenden Übungswiederholung noch nachwirken. Zwischen den Serien unterschiedlicher Übungen sind ebenfalls nur kurze Pausen (1–2 Minuten) erforderlich, um die Aufmerksamkeit und Konzentration auf die nachfolgende Übung zu lenken.

Nach einem Beweglichkeitstraining ist nicht mit Ermüdungsreaktionen zu rechnen, die die Leistungsfähigkeit für viele Stunden oder gar Tage beeinträchtigen. Zu beachten ist jedoch, dass hoch intensive Dehnprogramme in einzelnen Muskeln zu Strukturanpassungen im Bereich der Sarkomere führen, die dann Regenerationszeiten von 1–2 Tagen (vergleichbar dem Krafttraining) notwendig machen. Eine Intensivierung und Variation des Beweglichkeitstrainings ist durch die Kombination unterschiedlicher Methoden für jeden einbezogenen Gelenkbereich möglich. Hierbei werden allgemeine vor disziplinspezifischen Formen und statische vor dynamischen Dehnungen eingesetzt. Die Tabelle 7 fasst die Orientierungswerte zur Belastungsgestaltung im Beweglichkeitstraining zusammen.

Belastungsumfang	Belastungsintensität	Belastungsdichte	Trainingshäufigkeit
2–3 Wdh. von 15 sec Dauer (statisches Dehnen) 3–5 Serien mit 15–20 Wdh. (dynamisches Dehnen)	mindestens submaximal, besser maximal (spürbares, aber zu tolerierendes Spannungsgefühl)	hohe Dichte der Reize: etwa 1 min Serienpause und 1–2 min zwischen 2 Übungs- formen	Minimum: 2–3maliges Training pro Woche Optimum: tägliches Training

Tabelle 7
Orientierungswerte
für die Belastungs-
normative im Be-
weglichkeits-
training

Diagnose der Beweglichkeit und sportmotorische Testverfahren

Die Vielzahl der Einflussgrößen auf die Ausprägung der motorischen Beweglichkeit hat zur Folge, dass eine zuverlässige und objektive Messung der Beweglichkeit nur mit sehr hohem apparativ-technischem Aufwand möglich ist. Innerhalb der routinemäßigen sportmotorischen Leistungsdiagnostik werden nur die »äußeren« Maße der Gelenkbeweglichkeit erfasst. Eine Angabe von Beweglichkeitsleistungen erfolgt entweder in *Winkelgraden* oder ungenaueren *linearen Maßen* (ZACIORSKIJ 1972, 108; MATWEJEW/NOWIKOW 1982, 185). Bei *direkten Messungen* werden Winkel und/oder Abstände zwischen Ausgangs- und Endposition einer dynamisch oder statisch ausgeführten Testform registriert. Alternativ zu dieser gängigen Methode können die Winkel und Abstände *indirekt* aus Film- oder Fotoaufnahmen nach Abschluss der Tests gewonnen werden.

Lineare Maße (i.d.R. Zentimeterabstände) eignen sich vor allem zur regelmäßigen einfachen Kontrolle der Beweglichkeit in der Sportpraxis. Hierbei sollten dann die individuellen Körperbaumerkmale berücksichtigt werden. Dies geschieht durch Relativierung der linear erfassten Amplitude an den Körperproportionen. Durch eine Indexbildung werden dann auch Vergleiche zwischen unterschiedlichen Sportlern in einer Testaufgabe möglich.

Die Winkelmessung (*Goniometrie*) erfordert spezielle Geräte zur Bestimmung der Beweglichkeit (*Goniometer*). Hierbei kommen einfache Schenkelwinkelmesser, Flüssigkeitsgoniometer, Flexometer (LEIGHTON 1942) oder Winkelmesser mit Drehpotentiometer (Elektrogoniometer) zum Einsatz (HEBBELINCK 1989, 186).

Es werden allgemein-sportartübergreifende und disziplinspezifische motorische Testverfahren zur Beweglichkeit unterschieden. Diese Methoden der Operationalisierung der Beweglichkeit lassen meist keine Aussage über die Ursachen feststellbarer eingeschränkter oder übermäßiger Bewegungsamplituden zu. Hierzu werden dann zusätzliche Verfahren insbesondere aus der Muskelfunktions- oder speziellen Gelenkdiagnostik hinzugezogen.

Im Folgenden werden zunächst einige allgemeine sportartübergreifende Testverfahren zur Beweglichkeit beschrieben. Diese überprüfen vor allem die Beweglichkeit in den großen Körpergelenken bzw. Gelenksystemen (Wirbelsäule, Schulter, Hüfte). Alle Testformen werden jeweils kurz bezüglich des Testziels, der Adressatengruppe, der Durchführung und (soweit vorhanden) der Normwerte dargestellt. Ausführliche Testbeschreibungen finden sich bei BUBE et al. (1966), BÖS/MECHLING (1980), LETZELTER et al. (1984), GROSSER/STARISCHKA (1986), BETZ/KLIMT (1993) und FETZ/KORNEXL (1993). Einige Hinweise auf weiterführende Literaturstellen zu sportartspezifischen Beweglichkeitsprüfungen sowie muskel- und gelenkdiagnostischen Verfahren schließen die Betrachtungen zur Diagnostik der Beweglichkeit ab.

Allgemeine Beweglichkeitstests

1. Ausschultern

Dieser zuerst bei BUBE et al. (1966) beschriebene Test überprüft die Beweglichkeit im Bereich des Schultergürtels. Die Testform ist auf allen Altersstufen und Leistungsniveaus anwendbar.

Testanweisung: Im Stand wird ein mit Zentimetereinteilung versehener Stab mit beiden Händen gefasst und aus der Vorhalte über den Kopf (Hochhalte) in die Rückhalte geführt. Die Arme sollen während der Ausführung gestreckt gehalten werden. Der Übende hat eine beliebige Anzahl von Versuchen. Die Aufgabe besteht darin, beide Hände so eng wie möglich aneinander zu halten, ohne sie beim Vor- und Zurückführen vom Stab zu lösen oder die Arme zu beugen.

Als Testgerät wird ein runder Meßstab benötigt, der mit einer Zentimeterskalierung versehen ist. Alternativ kann auch ein Zentimetermaß zur Prüfung des geringsten Handabstandes dienen. Dabei wird die minimale Breite an den Innenseiten der Hände gemessen. Die Schulterbreite (Biacromialbreite) wird entweder ebenfalls mit Hilfe des Zentimetermaßes (BEUKER 1976, 47) oder mit einem Beckenzirkel (GROSSER/STARISCHKA 1986, 126) als Abstand von einer zur anderen Schulterhöhe (Acromion) gemessen.

Messwert: Die individuell erreichte minimale Griffbreite innerhalb eines Versuches wird registriert. Ein Bewertungsindex ergibt sich aus dem Verhältnis von (minimaler) Griffbreite in Zentimetern zur Schulterbreite der Testperson in Zentimetern. In Tabelle 8 ist eine Punktwertetabelle bezogen auf unterschiedliche Indexwerte wiedergegeben. GROSSER/STARISCHKA (1986, 124) geben für eine Gruppe von Gerätturnerinnen (N=22) im durchschnittlichen Alter von 13 Jahren einen mittleren Indexwert von 0,14 an. Erwachsene Männer zwischen dem 35. und 65. Lebensjahr liegen nach Ergebnissen der gleichen Autoren bei Indexwerten von 2,6 bis 3,2 und Frauen dieser Altersspanne bei 2,4–2,7. In Tabelle 9 sind Vergleichswerte für Erwachsene in Zentimeter-Griffabstand zusammengestellt. Die bloße Angabe der Zentimeter-Abstände erlaubt die Registrierung individueller Kennwerte und bei wiederholten Messungen auch deren Veränderungen. Zur Angabe statistischer Kennwerte sollte eine Orientierung an den Körpermaßen (Indexbildung) erfolgen.

2. Rumpfbeuge seitwärts

Als allgemeiner Test zur Feststellung der statischen Beweglichkeit der Wirbelsäule bei Seitbewegungen ist die »Rumpfbeuge seitwärts« in jedem Altersbereich sowohl bei Männern und Frauen anwendbar (FETZ/KORNEXL 1993, 110).

Testanweisung: Im aufrechten Stand mit dem Rücken in leichtem Kontakt zu einer Wand lässt die Testperson beide Arme seitlich locker herabhängen. Bei ge-

Tabelle 8
Indexwerte und
Punktewertung für
die Leistung im
Test »Ausschul-
tern« (nach BUBE
et al. 1966, 441)

Index	Punkte	Index	Punkte	Index	Punkte
2,4	0,4	1,5	4,0	0,6	7,6
2,3	0,8	1,4	4,4	0,5	8,0
2,2	1,2	1,3	4,8	0,4	8,4
2,1	1,6	1,2	5,2	0,3	8,8
2,0	2,0	1,1	5,6	0,2	9,2
1,9	2,4	1,0	6,0	0,1	9,6
1,8	2,8	0,9	6,4	0,0	10,0
1,7	3,2	0,8	6,8		
1,6	3,6	0,7	7,2		

Tabelle 9
Testwerte (in
Zentimeter-Griff-
abstand) für das
»Ausschultern«
(nach BEUKER
1976, 72)

Altersbereich	Männer (N=2407)	Frauen (N=1646)
15–20 Jahre	49,0	40,8
20–30 Jahre	53,0	39,1
30–40 Jahre	56,7	45,7
40–50 Jahre	60,9	51,1
älter als 50 Jahre	67,6	58,2

streckten Fingern und gleicher Höhe beider Hände wird der Punkt markiert, an dem die Fingerspitzen die Wand berühren. Die Aufgabe besteht darin, durch seitliches Abknicken des Oberkörpers mit den Fingerspitzen möglichst weit am gestreckten Bein hinunterzugleiten, bis die maximale Seitneigung erreicht ist. Der tiefste Punkt, an dem die gestreckten Finger die Beine berühren, wird ebenfalls markiert. Anschließend erfolgt die gleiche Ausführung zur anderen Körperseite, um etwaige Seitendifferenzen der Wirbelsäulenbeweglichkeit zu erfassen. In der jeweils maximalen Seitneigung wird für etwa 2 Sekunden verharrt. Der maximale Bewegungsausschlag darf nicht durch Federn oder Wippen erzielt werden. Während der Seitneigung ist darauf zu achten, dass die Schultern nicht von der Wand gelöst werden und die Beine während der Ausführung gestreckt bleiben.

Messwert: Zur Kontrolle der individuellen Rumpfbeweglichkeit und deren Veränderung wird die Strecke bewertet, die der Proband durch Seitneigen mit den Fingerspitzen überbrückt. Um einen Vergleich der Testwerte unterschiedlicher Personen zu ermöglichen, wird ein Index gebildet, in den die Körperhöhe mit eingeht (FETZ/KORNEXL 1993, 110). Dieser setzt sich wie folgt zusammen:

$$\text{Index} = \frac{\text{Summe der beiden Messwerte x 100}}{\text{Körperhöhe}}$$

In Tabelle 10 sind Messwerte (MW, Angabe in Zentimeter) für Männer und Frauen im Alter von 51–82 Jahren für die Testaufgabe »Rumpfseitbeuge« zusammengefasst.

Seite	Testwerte (MW in cm)
rechts	19,5 ± 4,3
links	18,4 ± 3,9

Tabelle 10
Testwerte
51–82-Jähriger
(N=305) für die
»Rumpfseitbeuge«
(nach BMJFFG
1989, 158)

3. Rumpfdrehen

Beim Rumpfdrehen wird die statische Drehbeweglichkeit (Verwringungsfähigkeit) der Wirbelsäule getestet. Da die Messvorrichtung in Höhe der Schulterachse eingerichtet wird und die Lendenwirbelsäule nahezu keine Rotationsbewegungen zulässt, misst dieser Test in erster Linie die statische Drehbeweglichkeit der Brustwirbelsäule. Die Testform ist wie die zuvor beschriebenen bei männlichen und weiblichen Personen jeden Alters und auf verschiedenen Leistungsniveaustufen anwendbar. In der von BÖS/MECHLING (1980) publizierten Form wird ein auf einem Barren montiertes Drehgestell verwendet. Im Folgenden wird eine vereinfachte Durchführung für den Gebrauch im allgemeinen Trainingsbetrieb beschrieben.
Testanweisung: Die Testübung wird entweder im Langsitz (mit aufrechtem Oberkörper und leicht gegrätschten Beinen) oder im aufrechten Stand durchgeführt. Der Testperson wird ein Stab (z.B. Stiel eines Besens) in den Nacken gelegt und sie greift mit beiden Armen von hinten über den Stab. Die Testaufgabe besteht in einem möglichst weiten Drehen des Oberkörpers zur Seite mit anschließendem 2-sekündigen Halten der maximalen Verwringung. Danach wird die Drehung zur anderen Seite durchgeführt. Bei der Ausführung im aufrechten Stand ist darauf zu achten, dass die Füße ihre Position während der Rumpfdrehung nicht verändern.
Messwert: Gemessen wird die Summe der maximalen Drehung beider Seiten in Winkelgraden. In Tabelle 11 sind die von BÖS und MECHLING angegebenen Werte für Schüler im Alter von 9–11 Jahren aufgeführt.

Tabelle 11
Testleistungen im
»Rumpfdrehen« in
Winkelgraden bei
Schülern im Alter
von 9–11 Jahren
(N=285, nach
BÖS/MECHLING
1980, 471)

Testleistungen von Schülern in der Testaufgabe »Rumpfdrehen«		
Mittelwert: 245,2 Grad	Maximum: 314 Grad	Minimum: 182 Grad

4. Rumpfbeuge vorwärts

Dieser erstmalig bei RICHTER/BEUKER (1968, 57) als »Rumpftiefbeugen« vorgestellte Test ist gleichermaßen für Kinder, Erwachsene, männliche und weibliche Personen geeignet. Mit dieser Testform wird die komplexe Beweglichkeit im Bereich der Lendenwirbelsäule (Anteversion) und der Hüftgelenke (Beugefähigkeit) sowie die Dehnfähigkeit der hinteren Oberschenkelmuskulatur getestet. Aufgrund der verschiedenen Beweglichkeitsanteile, die mit in das Testergebnis einfließen, eignet sich diese Testform besonders für eine Diagnose im Freizeit- und Breitensport und als ein Maß für die Ausprägung der komplexen Beweglichkeitsleistung.
Testanweisung: Die Testperson steht erhöht auf einem Kasten oder einer Bank. Die Spitzen der geschlossenen Füße schließen mit der Vorderkante der Standfläche ab, an der ein Schieberegler mit Zentimetereinteilung befestigt ist. Die Nullmarkierung befindet sich in Höhe der Standfläche. Der Sportler hat die Aufgabe, sich nach

vorne zu beugen und so weit wie möglich mit den Fingern nach unten zu reichen. Die maximale Beugestellung darf nicht durch Wippen oder Federn erzielt werden, sondern muss langsam eingenommen und dann für 2–3 Sekunden gehalten werden. **Messwert:** Registriert wird der Abstand der Fingerspitzen vom Fußsohlenniveau (Nullpunkt) in Zentimetern. Werte oberhalb des Standniveaus (Hände erreichen die Füße nicht) haben negative Vorzeichen, Werte unterhalb des Standniveaus werden in positiven Zahlen ausgedrückt. In Tabelle 12 sind Vergleichswerte, die an Schwimmsportlern im Alter von 10–21 Jahren ermittelt wurden, zusammengefasst. Eine Indexbildung unter Berücksichtigung von Bein- und Oberkörperlänge errechnet sich nach folgender Formel (vgl. LETZELTER et al. 1984, 53):

$$\text{Index} = 1 - \frac{\text{Beinlänge} - \text{Oberkörperlänge}}{\text{Abstand vom Sohlenniveau}}$$

Tabelle 12
Testwerte (Mittelwerte in cm) von Schwimmsportlern für die Kontrollform »Rumpfbeuge vorwärts« (nach BIENER/HONEGGER 1979, 123)

Altersbereich	Jungen/Männer (N=67)	Mädchen/Frauen (N=64)
10–13 Jahre	+ 2,9	+ 4,9
13–15 Jahre	+ 3,8	+ 7,1
16–18 Jahre	+ 7,1	+ 13,5
19–21 Jahre	+ 6,7	+ 15,0

5. Seitgrätschen

BÖS und MECHLING (1980, 468 f.) schlagen diese Testform als Alternative zum Seitspagat als turnspezifischen Test vor. Hierbei wird die aktive Beweglichkeit als Spreizfähigkeit im Bereich der Hüftgelenke gemessen. Die passive Komponente des Körpergewichts, die die Ausführung des Spagats mitbestimmt, wird durch diese Variante eliminiert. Das Seitgrätschen lässt sich ohne großen Aufwand durchführen und ist in allen Altersbereichen und auf verschiedenen Leistungsstufen sinnvoll einsetzbar.

Testanweisung: Die Testpersonen haben die Aufgabe, die Beine in Rückenlage maximal zu spreizen und in der Endposition für 2–3 Sekunden zu halten. Die Testbewegung erfolgt langsam ohne Federn oder Wippen. Gewertet wird der bessere von zwei Versuchen.

Tabelle 13
Testleistungen im »Seitgrätschen« in Winkelgraden bei Schülern im Alter von 8–11 Jahren (nach BÖS/MECHLING 1980, 470 und GASCHLER/HEINECKE 1990, 380)

Messwert: Die Erhebung des Testwertes erfolgt entweder mit Hilfe eines Winkelmessers oder, falls ein solcher nicht vorhanden ist, durch Berechnung der Winkelfunktion aus dem Abstand von rechter zu linker Fußsohlenmitte und innerer Beinlänge. In Tabelle 13 sind die Testwerte für 8–11-jährige Grundschüler aus den Untersuchungen von BÖS/MECHLING (1980) und GASCHLER/HEINECKE (1990) wiedergegeben.

Alter	Anzahl der Versuchspersonen	Testleistung MW (SA)
8 Jahre	39 Mädchen	102,8 Grad (10,1)
	35 Jungen	96,5 Grad (10,5)
9–11 Jahre	312 Jungen und Mädchen	101,3 Grad (11,4)

cm	Punkte	cm	Punkte	cm	Punkte
15	0,6	9	4,3	3	8,1
14	1,2	8	5,0	2	8,7
13	1,8	7	5,6	1	9,3
12	2,5	6	6,2	0	10,0
11	3,1	5	6,8		
10	3,7	4	7,5		

Tabelle 14
Punktesystem zur Klassifizierung von Testergebnissen beim »Querspagat« (nach BUBE et al. 1966, 439)

6. Querspagat

Diese bei BUBE et al. (1966, 438 f.) beschriebene Testform erfasst die passive Beweglichkeit im Hüftgelenk (in der Sagittalebene) sowie die Dehnfähigkeit der hinteren Oberschenkelmuskulatur (jeweils für das vordere Bein). Der Test wird insbesondere im Gerätturnen angewendet, eignet sich aber auch zur Beweglichkeitsprüfung von Sportlern anderer Disziplinen.

Testanweisung: Die Testperson steht seitlich an einer Sprossenwand und hält sich mit der näher zur Wand liegenden Hand an einer Sprosse unterhalb der Schulterhöhe fest. Nun senkt sich der Sportler bzw. die Sportlerin durch langsames Nachvornegleiten eines Beins allmählich in den Spagat. Die Testübung wird zweimal durchgeführt, einmal mit dem linken und einmal mit dem rechten Bein vorne. Der Testdurchführung muss eine ausreichende Vorbereitung (Aufwärmen) vorausgehen.

Messwert: Zur Registrierung der Testwerte wird ein einfacher Messstab (mit Zentimetereinteilung) benötigt. Gemessen wird der minimale Abstand des vorderen Oberschenkels zum Boden, direkt vor dem Schrittspalt. In den folgenden Tabellen sind Klassifizierungen zur Bewertung von Messergebnissen (Tabelle 14), Eignungsbewertungen aus dem Turnen (Tabelle 15) und Vergleichswerte unterschiedlicher Personengruppen (Tabelle 16) zusammengestellt.

bis 10 cm	bis 20 cm	bis 30 cm	bis 40 cm	über 40 cm
sehr gut	gut	befriedigend	ausreichend	mangelhaft

Tabelle 15
Eignungsbewertung beim »Querspagat« im Gerätturnen für 10–14-jährige Mädchen und Jungen (nach DICKHUT 1969, 90 und SCHOHS 1970, 34)

Testpersonen	Alter	Testleistungen
Schüler (N=13)	15,0 Jahre	29,6 ± 11,2 cm
A-Jugend Fechter (N=10)	15,3 Jahre	34,4 ± 9,5 cm
Sportstudenten (N=13)	24,0 Jahre	34,0 ± 10,9 cm
Kader-Fechter (N=10)	22,5 Jahre	40,2 ± 8,3 cm

Tabelle 16
Testwerte für unterschiedliche Stichproben im »Querspagat« (nach GROSSER/ STARISCHKA 1986, 129)

Anmerkungen zu sportartspezifischen Tests und zur Funktionsdiagnostik

Die Diagnose der Beweglichkeit umfasst neben den beschriebenen allgemeinen Testverfahren weiterhin Kontrollformen zur Messung disziplinspezifischer Beweglichkeitsleistungen und Verfahren der Muskelfunktions- und Gelenkdiagnostik. Im Folgenden werden hierzu für den an weitergehenden Informationen interessierten Leser einige ausgewählte Literaturhinweise ohne Anspruch auf Vollständigkeit angeführt.

Während sportmotorische Tests eine unterschiedlich genaue Erfassung der Beweglichkeitsleistung ermöglichen, sind für Angaben zu den möglichen Ursachen eingeschränkter oder aber extremer Beweglichkeit spezifische Untersuchungsmethoden notwendig. In der medizinischen Trainingstherapie wurden hierfür eine Reihe »semiobjektiver« Verfahren und Tests entwickelt, die entweder Auskunft über Zustand und Funktion eines Gelenks (oder Gelenksystems) oder aber über muskuläre Eigenschaften geben. Grundlagen sowie weitergehende Anwendungsaspekte zur **Funktionsdiagnostik** für unterschiedliche Muskeln und Muskelgruppen finden sich zum Beispiel in den Arbeiten von SCHMIDT et al. (1983), JANDA (1986), BREITHECKER/LIEBISCH (1995) und SPRING et al. (1997). Grundlagen und Methoden zur »Beurteilung von Gelenkdysfunktionen« als Ziel einer speziellen **Gelenkdiagnostik** sind im Überblick bei MÜHLEMANN (1987) dargestellt.

Die Entwicklung sportartspezifischer Analyseraster und Diagnoseverfahren für den Komplex der motorischen Beweglichkeit sind in den verschiedenen Sportarten sehr unterschiedlich ausdifferenziert. In vielen Disziplinen fehlen systematische Analysen der Beweglichkeitsanforderungen und Entwicklungen spezieller Testverfahren vollständig. Eine ausführliche Sportartanalyse mit Ableitung disziplinspezifischer Beweglichkeitsanforderungen und spezieller Diagnostik findet sich bei SPIKERMANN (1992) und ZIMMERMANN/SCHÜRMANN (1992) für das **Schwimmen**. Die stärker trainingspraktisch orientierte Darstellung von COUNSILMAN (1973, 233–238) enthält eine Betrachtung der Bedeutung der speziellen Beweglichkeit im Schwimmen, einfache Tests und Trainingsmaßnahmen zur Verbesserung der Beweglichkeit.

Für die **Leichtathletik** hat GROSSER (1981, 27 ff.) eine Analyse der Beweglichkeit als sportartspezifischen Leistungsfaktor vorgelegt. Disziplinbezogene Untersuchungen zum Anforderungsprofil und einer speziellen Diagnostik wurden für den Hürdenlauf ausgearbeitet (TIDOW 1997).

Neben den bereits erwähnten »Begabungstests« im **Gerätturnen** (DICKHUT 1969; SCHOHS 1970), finden sich Anmerkungen zur Bedeutung der Beweglichkeit im Turnen, Ziele und Methodik des Trainings und spezifische Kontrollformen bei FRIEDRICH/NILSSON (1979, 199 ff.). Einen ausführlichen Überblick zu den sportartspezifischen Kontrollverfahren zur Beweglichkeit im Turnen bieten HÄRTIG/BUCHMANN (1988, 126 ff.). Untersuchungen und Analysen zur speziellen Beweglichkeit in der **Rhythmischen Sportgymnastik** legen HAGEN/SCHMIDT (1992) vor.

 # Trainingsübungen

Im folgenden Abschnitt werden grundlegende Trainingsübungen zum Beweglichkeitstraining beschrieben. Die Auswahl der einzelnen Übungen erfolgt zum einen unter dem Gesichtspunkt, ein Grundprogramm für alle Sportarten, Leistungsniveaus und Zielgruppen darzustellen. Zum anderen werden Übungsformen für die hauptsächlich im Sport eingesetzten Muskelgruppen ausgewählt, nicht zuletzt weil diese Muskeln auch die am häufigsten von Sportverletzungen betroffenen Körperregionen repräsentieren. Ausführungsvariationen werden vor allem dann aufgezeigt, wenn die Durchführung der Grundübung Probleme in Bezug auf die Schwierigkeit oder Belastung bei weniger geübten Sportlern erwarten lässt. Weiterhin sind nur Übungen dargestellt, die ohne zusätzliche Trainingsgeräte und (mit einer Ausnahme) ohne Partnerhilfe ausgeführt werden können. Dabei stellt die Einfachheit der Ausführung neben der Funktionalität ein wesentliches Auswahlkriterium dar.

Da der inhaltliche Schwerpunkt auf allgemeinen Übungen zur Verbesserung der muskulären Dehnfähigkeit liegt, stehen statische Dehnungen im Vordergrund. Die Übungen sind aus Gründen der Übersichtlichkeit getrennt für verschiedene Körperregionen aufgeführt. Überschneidungen ergeben sich insbesondere für Muskeln, deren Topographie nicht mit dem Ort ihrer Hauptwirkung übereinstimmt. So ist beispielsweise der große Brustmuskel topographisch dem Rumpf zugeordnet, während er funktionell zur oberen Extremität zählt.

Folgende drei Hauptfunktionsbereiche werden getrennt dargestellt:

- Bereich Kopf, Nacken und Rumpf
- Bereich Arme und Schulter
- Bereich Beine und Hüfte.

Übungen für die Bereiche Kopf, Nacken und Rumpf

Seitliche Nackenmuskulatur

Übung 1

Funktion
Dehnung des Trapezmuskels (m. trapezius) und der seitlichen kurzen Muskeln der Halswirbelsäule (mm. intertransversarii).

Methode
Passiv-statisches Dehnen.

Ausführung
Im aufrechten Stand greift eine Hand über den Kopf zur gegenüberliegenden Seite und zieht diesen langsam in die Seitneigung, ohne dass der Kopf nach vorne oder hinten abknickt.

Variation
Durch isometrische Anspannung der Muskulatur gegen den Widerstand der Hand, mit folgender Entspannung und Dehnung, kann die Übung nach der Methode des Anspannungs-Entspannungs-Dehnens ausgeführt werden.

Hintere Nackenmuskulatur und kurze Muskeln der Halswirbelsäule

Funktion
Dehnung der oberen Anteile des vielgeteilten Muskels (m. multifidus) und des Halbdornmuskels (m. semispinalis).

Methode
Passiv-statisches Dehnen.

Ausführung
Der Kopf wird mit beiden Händen dosiert nach vorne gezogen (Kinn zur Brust).

Hinweis
Die Dehnung erfolgt langsam. Während der Durchführung normal weiteratmen.

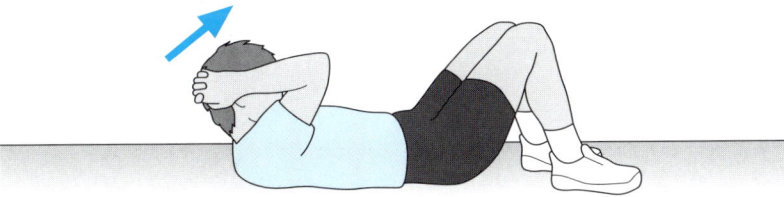

Obere Anteile der Rückenstrecker

Funktion
Dehnung der tiefen und oberflächlichen Rückenstrecker insbesondere im Bereich der Brustwirbelsäule (intertransversale und spinotransversale Muskeln).

Methode
Aktiv-statisches und passiv-statisches Dehnen.

Ausführung
Die Füße werden etwa schulterbreit aufgesetzt und der Oberkörper zwischen die leicht nach außen zeigenden Knie gebeugt. Die Hände fassen die Außenseiten der Fußgelenke. Über den Zug der Arme kann dann die Intensität der Dehnung unterstützt bzw. verstärkt werden.

Hinweis
Ruhiges Weiteratmen während der Übungsausführung.

Variation
Durch stärkere Beugung im Hüftgelenk (Rückführen der Knie) erfolgt zusätzlich die Dehnung des großen Gesäßmuskels.

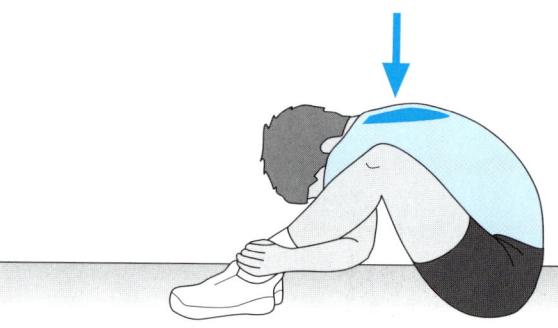

Tiefe Rückenmuskeln, Gesäßmuskel, Mobilisation der Lendenwirbelsäule  Übung 4

Funktion
Dehnung der tiefen Rückenstrecker: Langmuskel (m. longissimus) und Darmbeinrippenmuskel (m. iliocostalis) sowie der Gesäßmuskulatur (m. glutaeus maximus, medius und minimus). Weiterhin erfolgt eine Mobilisation im Bereich der Lendenwirbelsäule.

Methode
Passiv-statisches Dehnen.

Ausführung
In Rückenlage wird das in Knie- und Hüftgelenk auf 90° gebeugte Bein vom gegenüberliegenden Arm langsam zur Gegenseite gezogen.

Hinweis
Blickrichtung nach oben (kein Drehen des Kopfes), die Schultern bleiben während der Ausführung in Kontakt mit dem Boden.

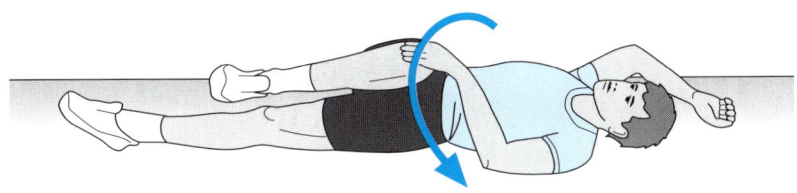

Untere Anteile der Rückenstrecker

Übung 5

Funktion
Dehnung der Rückenmuskulatur im Bereich der Lendenwirbelsäule
(mm. interspinales lumborum und mm. iliocostales lumborum).

Methode
Passiv-statisches Dehnen.

Ausführung
Bei leicht gespreizten und gebeugten Beinen wird der Oberkörper aus dem
Stand in Richtung Knie geführt. Die Arme umfassen die gebeugten Beine in
Höhe der Kniekehlen.

Hinweis
Durch Bildung eines ausgeprägten Rundrückens kann die Dehnung
intensiviert werden.

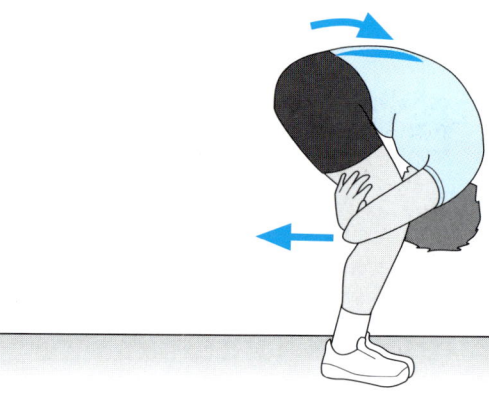

Tiefe Rückenmuskeln

Übung 6

Funktion
Dehnung der tiefen Rückenmuskeln mit Rotationswirkung: transversospinales System (mm. rotatores, multifidi, semispinalis).

Methode
Aktiv-statisches und passiv-statisches Dehnen.

Ausführung
In Rückenlage werden die in Hüft- und Kniegelenk gebeugten Beine seitlich abgelegt.

Hinweis
Während der Ausführung sollen beide Schultern in Kontakt mit dem Boden bleiben und der Kopf nicht zur Seite gedreht werden.

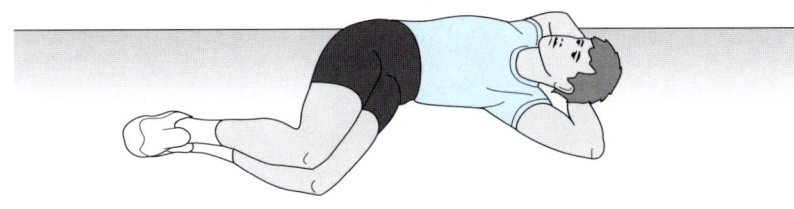

Seitliche Rumpfmuskulatur

Übung 7

Funktion
Dehnung der querverlaufenden sowie der tiefen Bauchmuskeln (m. psoas major, m. quadratus lumborum, m. obliquus externus und internus).

Methode
Aktiv-statisches Dehnen.

Ausführung
Im aufrechten, etwa schulterbreiten Stand wird der Oberkörper mit nach oben gestreckten Armen zur Seite geneigt. Dabei ist darauf zu achten, dass der Oberkörper nicht in der Hüfte nach vorne abknickt.

Hinweis
Durch allmählich sich verstärkenden Zug des unteren Armes wird die Dehnung intensiviert. Jedoch sind ruckartiges Ziehen (Dehnreflexauslösung) und Wippen des Oberkörpers (Scherbelastung der Wirbelsäule) unbedingt zu vermeiden.

Brustmuskulatur

Funktion
Dehnung des großen Brustmuskels (m. pectoralis major).

Methode
Passiv-statisches und aktiv-statisches Dehnen.

Ausführung
In einer »Rutschhalte« bilden Arme und Oberkörper eine »schiefe Ebene«.
Die Arme verlaufen in gerader Verlängerung des Brustkorbs und die Hände
liegen flach auf dem Boden. Der Brustkorb wird dann Richtung Boden
bewegt.

Hinweis
Druck zur Verstärkung der Dehnung aus den Schultern aufbauen und nicht
durch Überstrecken der Wirbelsäule (»Hohlkreuzbildung«).

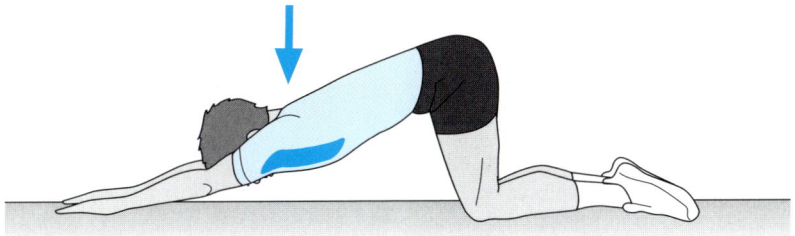

Brustmuskulatur

Übung 9

Funktion
Dehnung des großen Brustmuskels (m. pectoralis major).

Methode
Passiv-statisches oder passiv-dynamisches Dehnen.

Ausführung
Im Langsitz werden die in Hochhalte befindlichen Arme vom Partner am Oberarm direkt über den Ellbogengelenken gefasst und nach hinten geführt. Der Partner stützt den Oberkörper des Übenden durch seitliches Anstellen eines Beins. Bei der statischen Variante wird der Dehnungspunkt vom Partner etwa 15 Sekunden gehalten. Bei der dynamischen Ausführung wird durch langsames rhythmisches Federn mit kleiner Amplitude die Dehnung allmählich intensiviert.

Hinweis
Der Übende muss die Dehnung »erfühlen« und dem Partner Anweisungen zur Intensität geben.

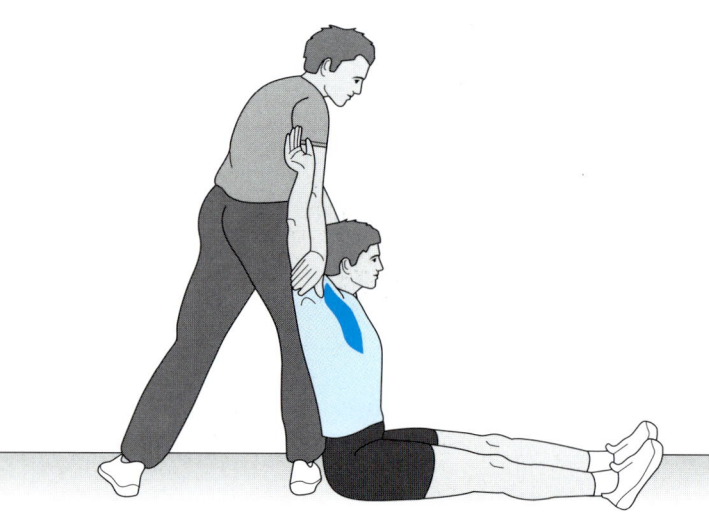

Schräge Bauchmuskulatur und Rotatoren der Wirbelsäule

Übung 10

Funktion
Dehnung der inneren und äußeren schrägen Bauchmuskulatur (m. obliquus internus und externus abdominis) sowie der Rotatoren der Wirbelsäule (transversospinales System).

Methode
Aktiv-statisches Dehnen.

Ausführung
In einem Ausfallschritt werden der Kopf und der Oberkörper zur Seite des vorgestellten Beins gedreht.

Hinweis
Übung nur aus einer stabilen Gleichgewichtsposition heraus beginnen.
Die Drehung erfolgt nicht mit den Beinen (vorderes Knie senkrecht über der Fußspitze).

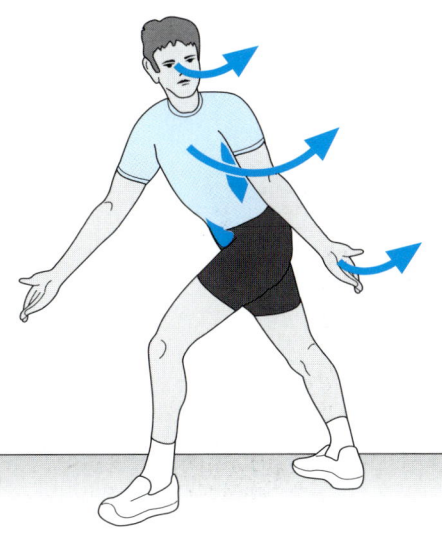

Übungen für die Bereiche Arme und Schultern

Rückwärtige Schultermuskulatur

Übung 11

Funktion
Dehnung des hinteren Anteils des Deltamuskels (m. deltoideus) und des breiten Rückenmuskels (m. latissimus dorsi).

Methode
Passiv-statisches Dehnen.

Ausführung
Der Ellbogen des gebeugten, zum Körper angewinkelten Armes wird mit der freien Hand in Richtung der gegenseitigen Schulter gezogen.

Hinweis
Der Oberarm der zu dehnenden Seite verläuft etwa parallel zur Schulterachse.

Vordere Schulter- und Brustmuskulatur · Übung 12

Funktion
Dehnung des vorderen Anteils des Deltamuskels (m. deltoideus) und des
großen Brustmuskels (m. pectoralis major).

Methode
Aktiv-statisches oder aktiv-dynamisches Dehnen.

Ausführung
Beide Hände fassen sich bei gestreckten Armen hinter dem Körper. Die Hände
werden dann nach hinten-oben geführt: a) bis zum Dehnungspunkt und dann
gehalten oder b) mit langsamen Bewegungen allmählich höher bewegt.

Hinweis
Die Arme während der Ausführung gestreckt und den Oberkörper aufrecht
halten.

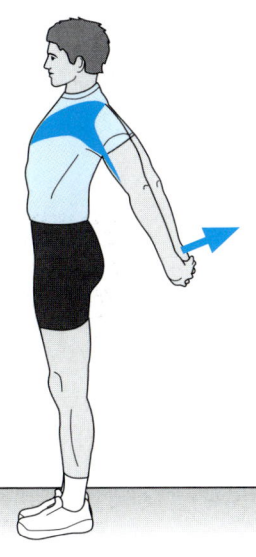

Hintere Oberarm- und Schultermuskulatur *Übung 13*

Funktion
Dehnung des Ellbogenstreckers (m. triceps brachii) und des großen Rund-muskels (m. teres major).

Methode
Passiv-statisches Dehnen.

Ausführung
Die Hand des zu dehnenden Armes wird mit der Innenfläche mittig zwischen die Schulterblätter gelegt. Der Unterarm des maximal gebeugten Armes wird am Ellbogen nach hinten-unten gezogen und bei Auftreten des Dehnreizes an der rückseitigen Oberarmmuskulatur für etwa 15 Sekunden in der Dehn-position gehalten.

Hinweis
Keine wippende oder federnde Ausführung. Den Kopf nicht nach vorne neigen.

Oberarmvorderseite

Übung 14

Funktion
Dehnung der Beugemuskulatur des Armes: zweiköpfiger Armmuskel
(m. biceps brachii), Armbeuger (m. brachialis) und Oberarmspeichenmuskel
(m. brachioradialis).

Methode
Aktiv-statisches und passiv-statisches Dehnen.

Ausführung
Die Hände fassen sich bei gestreckten Armen hinter dem Körper. Beide Arme
werden dann gleichzeitig vom Körper weg bewegt und maximal nach unten-
hinten gestreckt.

Hinweis
Werden die Arme bei der Übungsausführung nach außen gedreht (= Supi-
nationsstellung), wird die Dehnung des zweiköpfigen Armmuskels verstärkt
und zusätzlich der runde Einwärtsdreher (m. pronator teres) in die Dehnung
einbezogen.

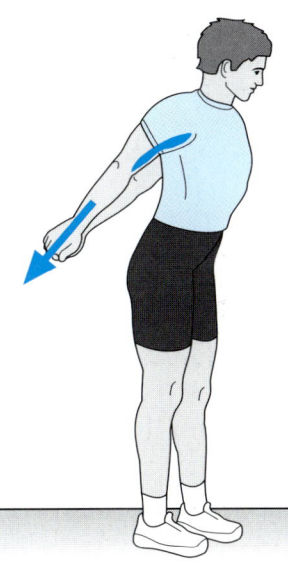

Äußere Unterarmmuskulatur

Übung 15

Funktion

Dehnung der kurzen und langen radialen Handgelenkstrecker (m. extensor carpi radialis longus und brevis) und des ulnaren Handgelenkstreckers (m. extensor carpi ulnaris) sowie der Fingerstrecker (m. extensor digitorum).

Methode

Passiv-statisches Dehnen.

Ausführung

Eine Hand wird mit Hilfe der zweiten Hand gebeugt und bei ebenfalls gebeugten Fingergelenken bis in die Dehnposition gebracht und gehalten. Der Ellbogen der zu dehnenden Seite bleibt möglichst gestreckt.

Variation

Wird die gleiche Übung mit geschlossener Hand (Faust) durchgeführt, kann die Intensität der Dehnung der Muskulatur (insbesondere der näher am Handgelenk liegenden Strecker) erhöht werden.

Innere Unterarmmuskulatur

Übung 16

Funktion
Dehnung der Handgelenkbeuger (m. flexor carpi ulnaris und m. flexor carpi radialis) sowie der Fingerbeuger (m. flexor digitorum superficialis und m. flexor digitorum profundus).

Methode
Passiv-statisches Dehnen.

Ausführung
Bei gestrecktem Arm und nach oben weisender Innenseite des Unterarmes (bzw. der Handfläche) wird die Hand nach vorne-unten überstreckt, bis der Dehnungsreiz im Unterarm spürbar ist.

Hinweis
Die überstreckte Hand soll während der Ausführung nicht nach innen »weg-gedreht« werden. Eine intensivere Dehnung erlaubt die nachfolgend darge-stellte Übung 17.

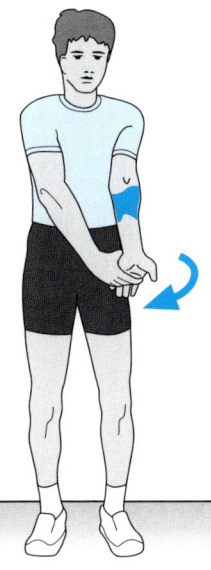

Innere Unterarmmuskulatur

Übung 17

Funktion
Dehnung der Handgelenk- und Fingerbeuger (die Muskeln sind bei Übung 16 genannt).

Methode
Passiv-statisches oder passiv-dynamisches Dehnen.

Ausführung
In der Bankstellung mit nach hinten zeigenden Fingern auf den Handflächen abstützen. Durch langsames Vor- und Zurückschieben der Schultern wird zur dynamischen Dehnung übergegangen.

Hinweis
Die Intensität der Dehnung ist umso höher, je weiter die Hände nach hinten gedreht werden.

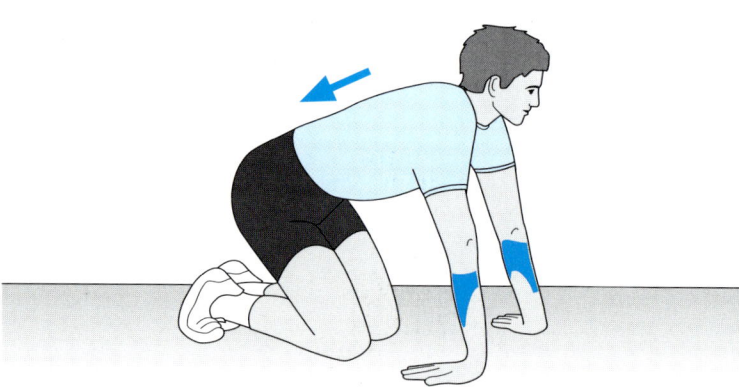

Übungen für die Bereiche Beine und Hüften

Vordere Hüft- und Oberschenkelmuskulatur

Übung 18

Funktion
Dehnung des Hüftbeugers, des Lenden-Darmbeinmuskels (m. iliopsoas), und des Streckers im Kniegelenk (m. quadriceps femoris).

Methode
Passiv-statisches Dehnen.

Ausführung
Im einseitigen Kniestand wird der Fuß des hinteren Beins von der gleichseitigen Hand zum Gesäß gezogen. Durch Vorschieben der gestreckten Hüfte wird die Dehnung des Lenden-Darmbeinmuskels verstärkt, während vermehrter Zug am Fuß die Dehnung der Kniegelenkstrecker erhöht.

Hinweis
Um die Druckbelastung im Bereich der Kniescheibe zu vermindern, sollte diese Übung auf einem weichen Untergrund (z. B. Rasen) oder mit einer weichen Unterlage (Handtuch, Matte etc.) ausgeführt werden. Wenn die Aufrechterhaltung des Gleichgewichts Probleme bereitet, kann durch weiteres Vorstellen des vorderen Fußes die Unterstützungsfläche vergrößert werden.

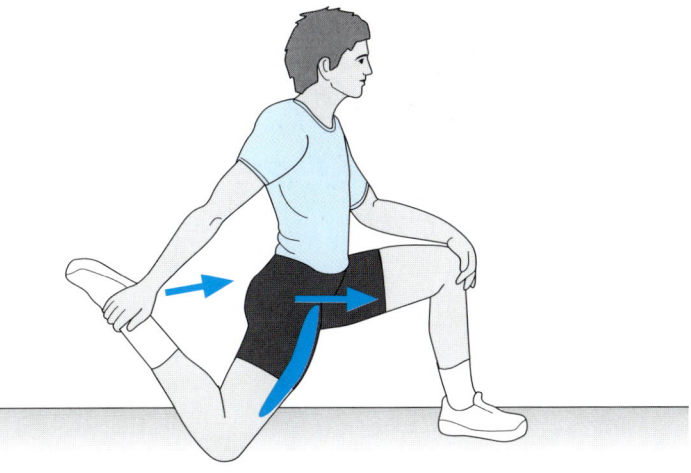

123

Vordere Hüftmuskulatur

Übung 19

Funktion
Dehnung der Hüftbeugemuskulatur: Lenden-Darmbeinmuskel (m. iliopsoas).

Methode
Aktiv-statisches und passiv-statisches Dehnen.

Ausführung
In einem weiten Ausfallschritt wird das Hüftgelenk gestreckt und der Arm der gedehnten Seite zum gegenüberliegenden Knie geführt.

Hinweis
Der Oberkörper soll nicht vorgebeugt werden oder seitlich abknicken.

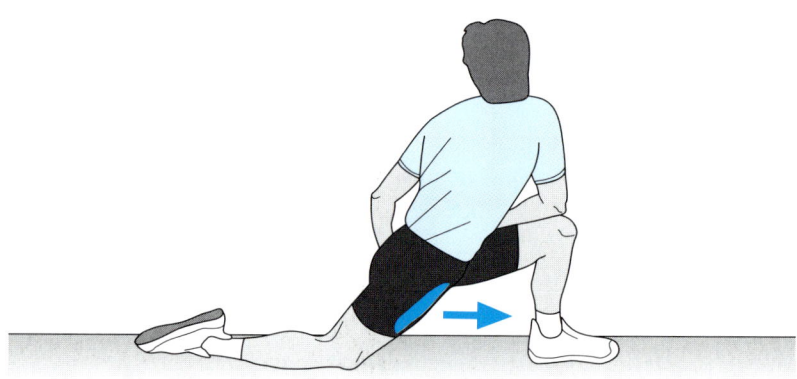

Hintere Hüftmuskulatur

Übung 20

Funktion
Dehnung der Streckmuskulatur der Hüfte: großer Gesäßmuskel (m. glutaeus maximus).

Methode
Passiv-statisches Dehnen.

Ausführung
In Rückenlage wird das Ende eines Unterschenkels bei gebeugtem Bein auf den Oberschenkel des zweiten Beins (über dem Knie) gelegt. Die Hände umgreifen dann den vorderen Oberschenkel und verstärken durch Zug die Dehnung.

Hinweis
Kopf und Oberkörper bleiben flach und entspannt auf der Unterlage liegen.

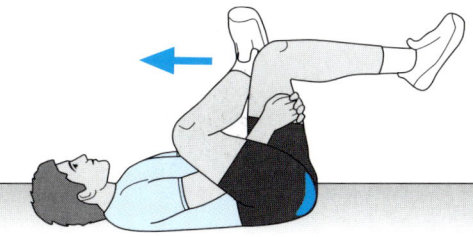

Hintere Hüftmuskulatur

Übung 21

Funktion
Dehnung des Hüftstreckers: großer Gesäßmuskel (m. glutaeus maximus).

Methode
Passiv-statisches Dehnen.

Ausführung
Aus dem Langsitz wird ein Bein gebeugt und außen neben dem anderen Bein mit der Fußsohle aufgesetzt. Der Oberkörper wird zur Seite des gebeugten Beins gedreht und der gegenseitige Arm dehnt den Hüftstrecker durch Druck des Ellbogens gegen die Außenseite des Kniegelenks.

Hinweis
Durch Veränderung des Hüftbeugewinkels können unterschiedliche Anteile der Hüftstreckmuskulatur stärker in die Dehnung einbezogen werden.

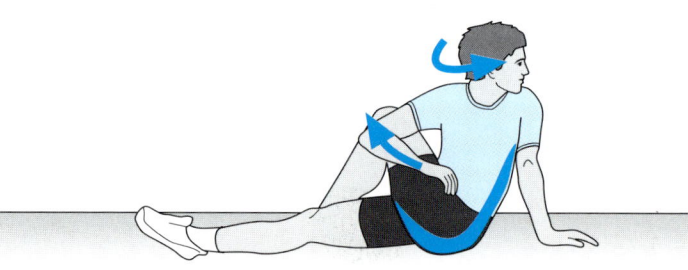

Seitliche und äußere Hüftmuskulatur

Übung 22

Funktion
Dehnung der Beinabduktoren, insbesondere: mittlerer und kleiner Gesäßmuskel (m. glutaeus medius und minimus) sowie Schenkelbindenspanner
(m. tensor fasciae latae).

Methode
Aktiv-statisches Dehnen.

Ausführung
Im aufrechten Stand bei überkreuzten Beinen wird das Körpergewicht zur
Seite des vorgestellten Beins verlagert. Durch »Schieben« der Hüfte zur
Gegenseite und stärkere Rumpfseitneigung wird die Intensität der Dehnung
verändert.

Hinweis
Die Füße während der Ausführung nicht seitlich abknicken (ganze Fußsohle
bleibt in Bodenkontakt).

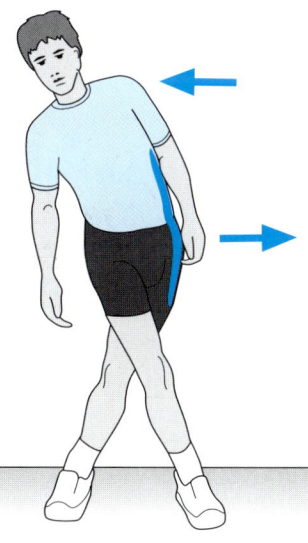

Seitliche und äußere Hüftmuskulatur

Übung 23

Funktion
Dehnung der Beinabduktoren, insbesondere: mittlerer und kleiner Gesäß-muskel (m. glutaeus medius und minimus) sowie der Schenkelbindenspanner (m. tensor fasciae latae).

Methode
Passiv-statisches Dehnen.

Ausführung
Im Langsitz wird ein Bein in Knie und Hüfte gebeugt und durch Druck von außen auf Knie und Sprunggelenk dem Oberkörper angenähert.

Hinweis
Den Druck gleichmäßig auf beide Druckpunkte verteilen, um Scherbewegungen im Kniegelenk zu vermeiden.

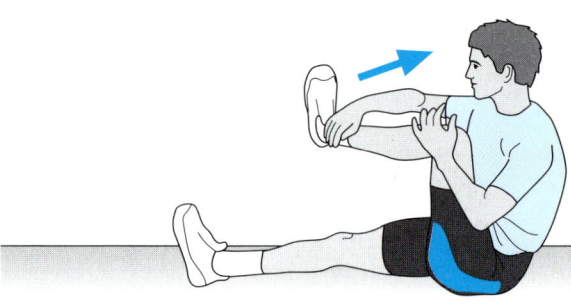

Innere Oberschenkelmuskulatur

Übung 24

Funktion
Dehnung der Beinadduktoren: Kamm-Muskel (m. pectineus), langer, kurzer
und großer Schenkelanzieher (mm. adductor longus, brevis, magnus) und
schlanker Muskel (m. gracilis).

Methode
Passiv-statisches Dehnen.

Ausführung
Das Körpergewicht wird durch Beugen eines Beins ganz auf eine Seite
verlagert. Das zu dehnende Bein wird auf der Ferse abgelegt. Es ist im Kniegelenk völlig gestreckt und nur in der Hüfte leicht gebeugt.

Hinweis
Die Fußspitze zeigt nach oben.

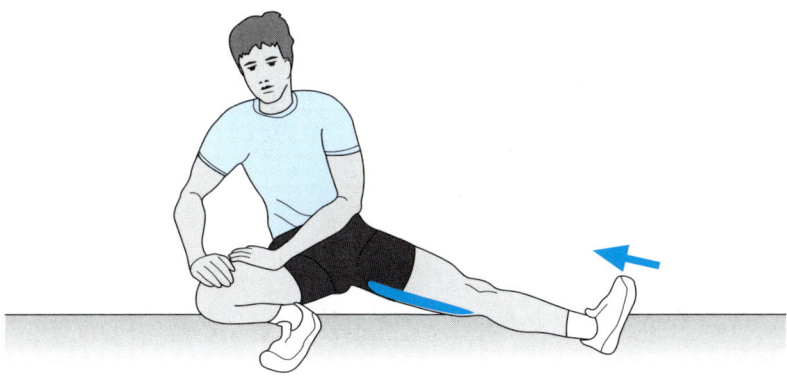

Innere Oberschenkelmuskulatur

Übung 25

Funktion
Dehnung der Beinadduktoren (die Muskeln sind unter Übung 24 aufgeführt).

Methode
Passiv-statisches und/oder passiv-dynamisches Dehnen.

Ausführung
Im Hocksitz werden beide Knie mit den Ellbogen nach außen-unten gedrückt. Die Füße bleiben zusammen. Der Druck wird bis zum Punkt der stärksten Dehnung (ohne Dehnschmerz) fortgesetzt und dann etwa 15 Sekunden gehalten.

Hinweis
Die Adduktoren können vor der Dehnung gegen den Widerstand der Ellbogen maximal isometrisch angespannt und nach kurzer Entspannung sofort gedehnt werden (Methode des Anspannungs-Entspannungs-Dehnens).

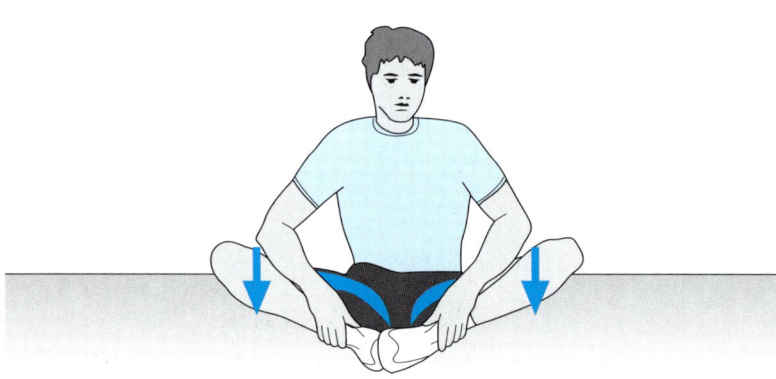

Vordere Oberschenkelmuskulatur

Übung 26

Funktion
Dehnung der Strecker im Kniegelenk: vierköpfiger Schenkelstrecker (m. quadriceps femoris).

Methode
Passiv-statisches Dehnen.

Ausführung
Im aufrechten Stand wird ein Fuß durch Zug der gleichseitigen Hand dem Gesäß so weit wie möglich angenähert. Die Hüfte wird dabei gestreckt (Vorschieben des Beckens).

Hinweis
Beide Oberschenkel sind während der Ausführung parallel zueinander (kein Abspreizen des Beins). Die freie Hand sichert durch Stütz an einer Wand oder Festhalten an einem Widerstand den notwendigen sicheren Stand.

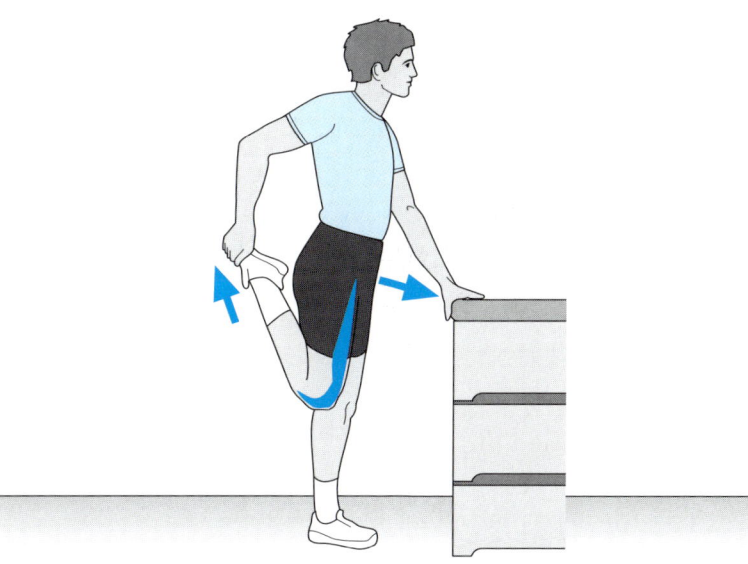

131

Hintere Oberschenkelmuskulatur

Übung 27

Funktion

Dehnung der Beugemuskulatur im Kniegelenk: ischiocrurale Muskulatur
(m. biceps femoris, m. semimembranosus, m. semitendinosus).

Methode

Passiv-statisches und/ oder passiv-dynamisches Dehnen (teilweise aktiv).

Ausführung

Die Beine werden im aufrechten Stand gekreuzt, so dass die Knievorderseite
des hinteren Beins die Kniekehle des vorderen berührt. Bei völlig gestrecktem
hinteren Bein wird der Oberkörper nach vorne geneigt.

Hinweis

Die Dehnung wird durch stärkere Hüftbeugung intensiviert, nicht durch
Vorziehen der Schultern. Bei dynamischer Ausführung wird die Vorneigung
des Oberkörpers durch langsames Federn mit kleiner Amplitude nach und
nach vergrößert.

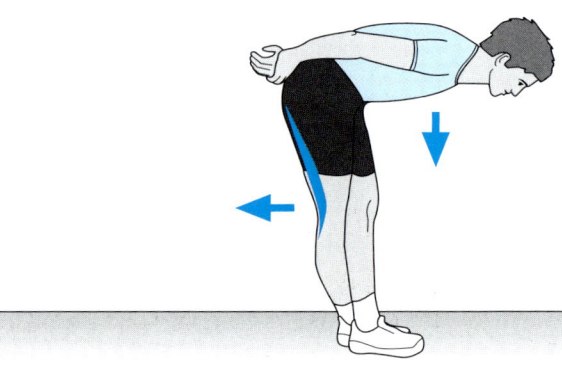

Hintere Oberschenkelmuskulatur

Übung 28

Funktion
Dehnung der Beugemuskulatur im Kniegelenk: ischiocrurale Muskulatur
(m. biceps femoris, m. semimembranosus, m. semitendinosus).

Methode
Aktiv-statisches und passiv-statisches Dehnen.

Ausführung
In Rückenlage wird ein Bein in Knie und Hüfte gebeugt. Während die
Hände den Oberschenkel fixieren, wird der Unterschenkel im Knie langsam
gestreckt.

Hinweis
Eine verstärkte Dehnung wird durch Streckung des Beins im Kniegelenk bei
unveränderter Hüftbeugung erzielt, während eine stärkere Hüftbeugung zu
einer Dehnung der hinteren Hüftmuskulatur führt.

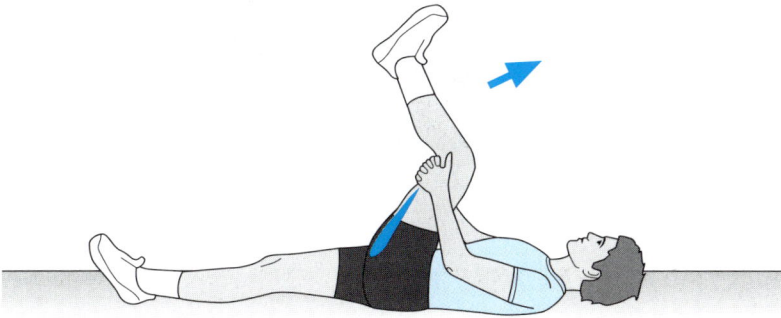

133

Vordere Unterschenkelmuskulatur

Übung 29

Funktion
Dehnung der vorderen Schienenbeinmuskulatur (m. tibialis anterior) und der langen Zehen- und Großzehenstrecker (m. extensor digitorum und m. extensor hallucis longus).

Methode
Passiv-statisches Dehnen.

Ausführung
Absetzen auf die Unterschenkel mit nach hinten zeigenden Zehen.

Hinweis
Durch Gesäßanheben wird die Intensität der Dehnung vermindert. Eine verstärkte Dehnung kann durch leichtes Anheben der Knie erfolgen.

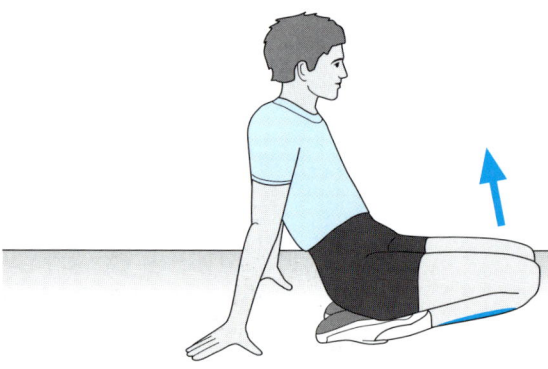

Hintere Unterschenkelmuskulatur (oberer Anteil)

Übung 30

Funktion
Dehnung des zweigelenkigen Anteils der Wadenmuskulatur: Zwillingswaden-muskel (m. gastrocnemius).

Methode
Statisch-aktives oder dynamisch-aktives Dehnen.

Ausführung
Im Stand werden die Hände an eine Wand gestützt und ein Bein gestreckt nach hinten gesetzt, so dass Ferse, Knie und Hüfte in etwa eine Gerade bilden. Bei gestrecktem Knie wird die Ferse dann zum Boden gedrückt.

Hinweis
Durch langsames Nachfedern kann die Dehnung allmählich verstärkt werden. Bei gut dehnfähiger Muskulatur (wenn die Ferse sofort bis zum Boden gedrückt werden kann) lässt sich das gestreckte Bein langsam weiter nach vorne neigen.

Hintere Unterschenkelmuskulatur (tiefer, unterer Anteil)

Übung 31

Funktion
Dehnung des eingelenkigen Anteils der Wadenmuskulatur: Schollenmuskel (m. soleus).

Methode
Aktiv-statisches und passiv-statisches Dehnen.

Ausführung
Im Stand werden die Hände vor dem Körper aufgestützt (Wand oder Kasten) und ein Bein wird zurückgesetzt. Während die Fußsohle ganz auf dem Boden steht, wird das (hintere) Knie gebeugt.

Hinweis
Durch die Beugung im Knie wird die Dehnung auf den näher zur Achillessehne und tiefer liegenden Anteil der Wadenmuskulatur (eingelenkiger Schollenmuskel) verlagert. Verstärkt wird die Dehnung durch weiteres Schieben des gebeugten Knies nach vorne-unten (Beugung).

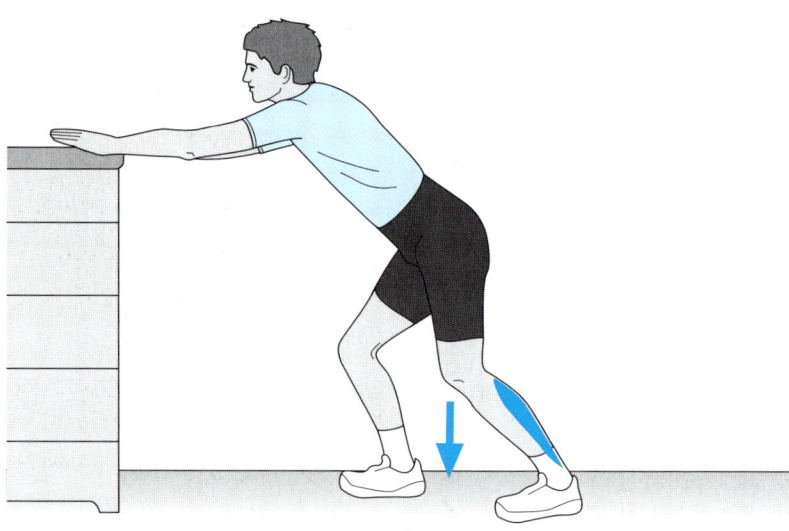

Literaturverzeichnis

ALBRECHT, K./S. MEYER/L. ZAHNER: Stretching – Das Expertenhandbuch. Heidelberg 1999, 2. Aufl.

ANDERSON, B.: Stretching. München 1982 (Nachdruck 1996).

BAUERSFELD, K.-H./G. SCHRÖTER: Grundlagen der Leichtathletik. Berlin 1986, 3. Aufl.

BELL, R. D./T. B. HOSHIZAKI: Relationships of age and sex with range of motion of seventeen joint actions in humans. In: *Canadian Journal of Applied Sport Science* 6 (1981) 4, 202–206.

BERTHOLD, F./P. THIERBACH: Zur Belastbarkeit des Halte- und Bewegungsapparats aus sportmedizinischer Sicht. In: *Medizin und Sport* 21 (1981) 6, 165–171.

BETZ, M./F. KLIMT: Beweglichkeitsprüfung für Hüftgelenk und Wirbelsäule bei Kindern und Jugendlichen. In: *Haltung und Bewegung* (1993) 4, 5–8.

BEUKER, F.: Leistungsprüfung im Freizeit- und Erholungssport. Leipzig 1976.

BIENER, K./E. HONEGGER: Sportmedizinisches Profil des Schwimmers. In: *Deutsche Zeitschrift für Sportmedizin* 30 (1979) 1, 33–36; 2, 63–65; 3, 90–94 und 4, 121–123.

BILLETER, R./H. HOPPELER: Biologische Grundlagen der Muskelkontraktion. In: KOMI, P. V. (Hrsg.): Kraft und Schnellkraft im Sport. Köln 1994, 51–73.

BIRBAUMER, N./R. F. SCHMIDT.: Biologische Psychologie. Berlin 1991, 2. Aufl.

BLUME, D.-D.: Zu einigen wesentlichen theoretischen Grundpositionen für die Untersuchung der koordinativen Fähigkeiten. In: *Körperkultur* 27 (1978) 1, 29–36.

BÖNING, D.: Muskelkater – Ursachen, Vorbeugung, Behandlung. In: *Deutsche Zeitschrift für Sportmedizin* 39 (1988) Sonderheft, 4–7.

BÖS, K./H. MECHLING: Definition und Messung der Beweglichkeit und ihr Zusammenhang mit sportmotorischen Testleistungen. In: *Sportunterricht* 29 (1980) 12, 464–476.

BREITHECKER, D./R. LIEBISCH: Beurteilung der muskulären Leistungsfähigkeit unter Aspekten der Haltung. In: Lehrhilfen für den Sportunterricht; Beilage zu *Sportunterricht* 44 (1995) 8, 113–119.

BUBE H./G. FECK/H. STÜBLER/F. TROGSCH: Tests in der Sportpraxis – Tests zur Beurteilung der Beweglichkeit. In: *Theorie und Praxis der Körperkultur* 15 (1966) 5, 436–442.

BULL, H.-J./C. BULL: Körperliche Beweglichkeit und Leistungsfähigkeit. In: *Theorie und Praxis der Körperkultur* 29 (1980) 9, 677–684.

BUNDESMINISTER FÜR JUGEND, FAMILIE, FRAUEN UND GESUNDHEIT (Hrsg.): Das Altensportzentrum »Sport für betagte Bürger« Mönchengladbach. Schriftenreihe des BMJFFG, Band 237. Stuttgart 1989.

BUROKER, K. C./J. A. SCHWANE: Does postexercise static stretching alleviate delayed muscle soreness? In: *The Physician and Sportsmedicine* 17 (1989) 6, 65–83.

CLAYFIELD, J.: Stretch before strain. In: *Australian Journal of Sports Medicine* 12 (1980) 3, 68–70.

COTTA, H.: Orthopädie. Stuttgart 1984, 4. Aufl.

COUNSILMAN, J. E.: Schwimmen. Frankfurt/M. 1973.

DE MARÉES, H.: Sportphysiologie. Köln-Mülheim 1981, 3. Aufl.

DE VRIES, H. A.: Evaluation of static stretching procedures for improvement of flexibility. In: *The Research Quarterly of the American Association for Health, Physical Education, and Recreation* 33 (1962) 2, 222–229.

DICKHUT, A.: Begabungstest im Gerätturnen für 10– bis 14jährige Jungen. In: *Die Leibeserziehung* 18 (1969) 8, 90–91.

DIETRICH, L.: Muskeldehnung: Warum und wie? In: *Turnen* (1989) 4, 6–7.

DIETRICH, L./F. BERTHOLD/H. BRENKE: Muskeldehnung aus sportmethodischer Sicht. In: *Medizin und Sport* 25 (1985) 2, 52–57.

DORDEL, H.-J.: Die Muskeldehnung als Maßnahme der motorischen Leistungsverbesserung. In: *Sportunterricht* 24 (1975) 2, 40–45.

EHLENZ, H./M. GROSSER/E. ZIMMERMANN/F. ZINTL: Krafttraining. München 1995, 5. Aufl.

EHRLER, W./W. BARTEL: Kraft und Beweglichkeit im Alternsgang. In: *Theorie und Praxis der Körperkultur* 39 (1990) 6, 381–387.

EKSTRAND, J./J. GILQUIST/S.-O. LILJEDAHL: Prevention of soccer injuries. In: *The American Journal of Sports Medicine* 11 (1983) 3, 116–120.

ETNYRE, B. R./E. J. LEE: Comments on proprioceptive neuromuscular facilitation stretching techniques. In: *Research Quarterly for Exercise and Sport* 58 (1987) 2, 184–188.

ETNYRE, B. R./E. J. LEE: Chronic and acute flexibility of men and women using three different stretching techniques. In: *Research Quarterly for Exercise and Sport* 59 (1988) 3, 222–228.

FETZ, F./E. KORNEXL: Sportmotorische Tests. Wien 1993, 3. Aufl.

FOMIN, N. A./W. P. FILIN: Altersspezifische Grundlagen der körperlichen Erziehung. Schorndorf 1975.

FREIBERGER, E.: Motorisches Kompetenztraining unter besonderer Berücksichtigung einer Sturzprophylaxe. In: MECHLING, H. (Hrsg.): Training im Alterssport. Schorndorf 1998, 89–92.

FREIWALD, J./M. ENGELHARDT: Beweglichkeit und Dehnung in Sport und Therapie. In: *Physikalische Therapie* 17 (1996) 11, 883–892.

FREIWALD, J./M. ENGELHARDT/A. GWENUCH: Dehnen – Möglichkeiten und Grenzen. In: *Therapeutische Umschau* 55 (1998) 4, 267–272.

FRIEDRICH, E./M. NILSSON: Gerätturnen 1 – Grundlagen. Reinbek 1979.

FUNG, Y. C.: Biomechanics. Mechanical properties of living tissues. New York 1981.

GASCHLER, P.: Entwicklung der Beweglichkeit. In: BAUR, J./K. BÖS/R. SINGER (Hrsg.): Motorische Entwicklung – Ein Handbuch. Schorndorf 1994, 181–190.

GASCHLER, P./I. HEINECKE: Zur Beweglichkeit von Kindern heute und vor zehn Jahren. In: *Sportunterricht* 39 (1990) 10, 373–384.

GISLER, T.: Differenzierungen im Beweglichkeitstraining. Stuttgart 1998.

GROHER, W.: Überbeweglichkeit als Auslesefaktor im Sport. In: *Leistungssport* 9 (1979) 4, 244–246.

GROSSER, M.: Gelenksbeweglichkeit und Aufwärmeffekt. In: *Leistungssport* 7 (1977) 1, 38–43.

GROSSER, M.: Die Zweckgymnastik des Leichtathleten. Schorndorf 1981, 3. Aufl.

GROSSER M./P. BRÜGGEMANN/F. ZINTL: Leistungssteuerung in Training und Wettkampf. München 1986.

GROSSER, M./S. STARISCHKA: Konditionstests. München 1986, 2. Aufl.

GROSSER, M./S. STARISCHKA: Das neue Konditionstraining. München 1998, 7. Aufl.

HAASE, J.: Haltung und Bewegung und ihre spinale Koordination. In: HAASE, J./H.-D. HENATSCH/R. JUNG/P. STRATA/U. THODEN (Hrsg.): Sensomotorik. Physiologie des Menschen, Band 14. München 1976, 99–191.

HÄRTIG, R./G. BUCHMANN: Gerätturnen – Trainingsmethodik. Berlin 1988.

HAGEN, E./H. SCHMIDT: Die Funktionsdiagnostik des Stütz- und Bewegungssystems als Grundlage für eine optimale Trainingsgestaltung, dargestellt am Beispiel der Rhythmischen Sportgymnastik. In: Sport und Wissenschaft, Band 4: Bewegungsapparat und Sport. Sankt Augustin 1992, 101–128.

HANAFI, H./T. KURSCHILGEN/G. LANGE/K. H. PAHLKE/P. SCHMIDT/M. SIDDIG: Ausgewählte Stretchingübungen für Mittel- und Langstreckenläufer(innen) zur Optimierung der sportlichen Leistung. In: *Die Lehre der Leichtathletik* 25 (1986) 36, 1535–1538 und 37, 1567–1569.

HARDY, L.: Improving active range of hip flexion. In: *Research Quarterly for Exercise and Sport* 56 (1985) 2, 111–114.

HARRE, D.: Trainingslehre. Berlin 1986, 10. Aufl.

HARTLEY-O'BRIEN, S. J.: Six mobilization exercises for active range of hip flexion. In: *Research Quarterly for Exercise and Sport* 51 (1980) 4, 625–635.

HEBBELINCK, M.: Flexibilität. In: DIRIX, A./H. G. KNUTTGEN/K. TITTEL (Hrsg.): Olympia Buch der Sportmedizin. Köln 1989, 183–187.

HENNIG, E./S. PODZIELNY: Die Auswirkungen von Dehn- und Aufwärmübungen auf die Vertikalsprungleistung. In: *Deutsche Zeitschrift für Sportmedizin* 45 (1994) 6, 253–260.

HOHMANN, A.: Grundlagen der Trainingssteuerung im Sportspiel. Hamburg 1994.

HOLLMANN, W.: Training, Grundlagen und Anpassungsprozesse. Schorndorf 1990.

HOLT, L. E./T. M. TRAVIS/T. OKITA: Comparative study of three stretching techniques. In: *Perceptual and Motor Skills* 31 (1970), 611–616.

HOPPELER, H.: Der Muskelkater – Schaden an der Skelettmuskulatur. In: *Leistungssport* 21 (1991) 3, 5–7.

HOSTER, M.: Zur Bedeutung verschiedener Dehnungsarten bzw. Dehnungstechniken in der Sportpraxis. In: *Die Lehre der Leichtathletik* 26 (1987) 31, 1523–1526.

HOSTER, M./H.-U. NEPPER: Dehnen und Mobilisieren. Waldenburg 1994.

ISRAEL, S.: Sportmedizinische Ansätze für einen effektiven Alterssport. In: MECHLING, H. (Hrsg.): Training im Alterssport. Schorndorf 1998, 51–61.

ISRAEL, S./E. KÖHLER/W. EHRLER/B. BUHL: Die Trainierbarkeit in späteren Lebensabschnitten. In: *Medizin und Sport* 22 (1982) 2/3, 90–93.

JAKOWLEW, N. N.: Die Bedeutung einer Störung der Homöostase für die Effektivität des Trainingsprozesses. In: *Medizin und Sport* 12 (1972) 12, 367–373.

JANDA, V.: Muskelfunktionsdiagnostik. Berlin 1986.

KAHLE, W./H. LEONHARDT/W. PLATZER: Taschenatlas der Anatomie. Band 1, Bewegungsapparat. Stuttgart 1984, 4. Aufl.

KLEE, A.: Muskuläre Balance. Die Überprüfung einer Theorie. In: *Sportunterricht* 44 (1995) 1, 12–23.

KLIMT, F.: Sportmedizin im Kindes- und Jugendalter. Stuttgart 1992.

KNEBEL, K.-P.: Funktionsgymnastik. Reinbek 1985.

KÜNNEMEYER, J./D. SCHMIDTBLEICHER: Die rhythmische neuromuskuläre Stimulation (RNS). In: *Leistungssport* 27 (1997) 2, 39–42.

LEHMANN, F.: Zur Bedeutung des arthromuskulären Gleichgewichts. In: *Leistungssport* 21 (1991) 1, 16–19.

LEHNERTZ, K./D. MARTIN: Regeneration des schnellkoordinativen Leistungsvermögens nach Ausdauer-, Schnellkraft- und Maximalkrafttrainingseinheiten. In: *Leistungssport* 15 (1985) 6, 39–46.

LEIGHTON, J. R.: A simple objective and reliable measure of flexibility. In: *The Research Quarterly of the American Association for Health, Physical Education, and Recreation* 13 (1942) 2, 205–216.

LETZELTER, H.: Beweglichkeit als Trainingsziel. In: *Sportpraxis* 24 (1983) 1, 15–16.

LETZELTER, M.: Trainingsgrundlagen. Reinbek 1978.

LETZELTER, M./R. BERNHARD/M. BRINK: Messung, Struktur, Entwicklung und Trainierbarkeit der Gelenkigkeit im Sekundarstufenalter. In: *Sportpraxis* 25 (1984) 2, 27–28; 3, 53–55; 4, 79–82 und 5, 97–98.

LUCAS, R. C./R. KOSLOW: Comparative study of static, dynamic, and proprioceptive neuromuscular facilitation stretching techniques on flexibility. In: *Perceptual and Motor Skills* 58 (1984) 615–618.

MADDING, S. W./J. G. WONG/A. HALLUM/J. M. MEDEIROS: Effect of duration of passive stretch on hip abduction range of motion. In: *The Journal of Orthopaedic and Sports Physical Therapy* 8 (1987), 8, 409–416.

MADER, A.: Aktive Belastungsadaptation und Regulation der Proteinsynthese auf zellulärer Ebene. In: *Deutsche Zeitschrift für Sportmedizin* 41 (1990) 2, 40–58.

MAEHL, O.: Beweglichkeitstraining. Ahrensburg 1986 (a).

MAEHL, O.: Aspekte der Muskeldehnung in der Leichtathletik. In: *Die Lehre der Leichtathletik* 25 (1986 b) 22, 959–962.

MARKMANN, M./L. ZAHNER: Beweglichkeitstraining mit Kindern/Jugendlichen – Angepasst vorgehen! In: *Magglingen* 54 (1997) 4, 4–6.

MARKWORTH, P.: Sportmedizin. Reinbek 1983.

MARSCHALL, F.: Wie beeinflussen unterschiedliche Dehnintensitäten kurzfristig die Veränderung der Bewegungsreichweite? In: *Deutsche Zeitschrift für Sportmedizin* 50 (1999) 1, 5–9.

MARTIN, D.: Grundlagen der Trainingslehre. Teil 1. Schorndorf 1979, 2. Aufl.

MARTIN, D./K. CARL/K. LEHNERTZ: Handbuch Trainingslehre. Schorndorf 1993, 2. Aufl.

Literaturverzeichnis

Martin, D. E./M. Borra: Was ist Beweglichkeit? In: *Die Lehre der Leichtathletik* 34 (1983) 35, 1211–1218.

Matwejew, L. P.: Periodisierung des sportlichen Trainings. Berlin 1978, 3. Aufl.

Matwejew, L. P.: Grundlagen des sportlichen Trainings. Berlin 1981.

Matwejew, L.P./A.D. Nowikow: Theorie und Methodik der Körpererziehung. Band 1. Berlin 1982.

Meinel, K./G. Schnabel: Bewegungslehre – Sportmotorik. Abriß einer Theorie der sportlichen Motorik unter pädagogischem Aspekt. Berlin 1998, 9. Aufl.

Moore, M. A./R. S. Hutton: Electromyographic investigation of muscle stretching techniques. In: *Medicine and Science in Sports and Exercise* 12 (1980) 5, 322–329.

Mühlemann, D.: Diagnostik der Gelenkbeweglichkeit: Voraussetzungen und Methodik. In: Von Ow, D./G. Hüni (Hrsg.): Muskuläre Rehabilitation: Beurteilung motorischer Funktionen. Patientengerechte Übungs- und Trainingskonzepte. Erlangen 1987, 30–41.

Neumann, G.: Zum zeitlichen Ablauf der Anpassung beim Ausdauertraining. In: *Leistungssport* 23 (1993) 5, 9–14.

Nitsch, J. R./A. Neumaier: Interdisziplinäres Grundverständnis von »Training« und »Techniktraining«. In: Nitsch, J. R./A. Neumaier/H. De Marées/J. Mester: Techniktraining. Schorndorf 1997, 37–49.

Osolin, N.: Das Training des Leichtathleten. Berlin 1952.

Quenzer, E./H.-U. Nepper: Funktionelle Gymnastik. Wiesbaden 1997.

Radlinger, L./W. Bachmann/J. Homburg/U. Leuenberger/G. Thaddey: Rehabilitative Trainingslehre. Stuttgart 1998.

Richter, H./F. Beuker: Komplextest zur Ermittlung des physischen Leistungsvermögens. In: *Theorie und Praxis der Körperkultur* 17 (1968) 1, 54–64.

Rosenbaum, D./E. M. Hennig: Veränderung der Reaktionszeit und Explosivkraftentfaltung nach einem passiven Stretchingprogramm und 10minütigem Aufwärmen. In: *Deutsche Zeitschrift für Sportmedizin* 48 (1997) 3, 95–99.

Rüegg, J. C.: Muskel. In: Schmidt, R. F./G. Thews (Hrsg.): Physiologie des Menschen. Berlin 1993, 25. Aufl., 66–86.

Schmidt, H./V. Frauendorf/U. Asmussen/W. Kraft: Der Muskeltest nach Janda für die sportmedizinische Praxis. In: *Medizin und Sport* 23 (1983) 9, 271–278.

Schnabel, G./D. Harre/A. Borde: Trainingswissenschaft. Berlin 1997, 2. Aufl.

Schnack, G.: Intensivstretching für Jogger. In: *Deutsche Zeitschrift für Sportmedizin* 48 (1997) 5, 202–206.

Schober, H./W. Kraft/G. Wittekopf/H. Schmidt: Beitrag zum Einfluß verschiedener Dehnungsformen auf das muskuläre Entspannungsverhalten des M. quadriceps femoris. In: *Medizin und Sport* 30 (1990) 3, 88–91.

Schönthaler, S. R./K. Ohlendorf/H. Ott/T. Meyer/W. Kindermann/D. Schmidtbleicher: Biomechanische und neurophysiologische Parameter zur Erfassung der Dehnbarkeit von Muskel-Sehnen-Einheiten. In: *Deutsche Zeitschrift für Sportmedizin* 49 (1998) 8, 223–230.

Schohs, G.: Begabungstest im Geräfurnen für 10- bis 14jährige Mädchen. In: *Die Leibeserziehung* 19 (1970) 1, 34–35.

Sermejew, B. W.: Der Einfluß von speziellen Übungen auf die Beweglichkeit der Schüler. In: *Theorie und Praxis der Körperkultur* 13 (1964) 5, 434–436.

Singer, R./K. Bös: Motorische Entwicklung: Gegenstandsbereich und Entwicklungseinflüsse. In: Baur, J./K. Bös/R. Singer (Hrsg.): Motorische Entwicklung – Ein Handbuch. Schorndorf 1994, 15–26.

Sölveborn, S. A.: Das Buch vom Stretching. München 1983.

Spengemann-Bach, I.: Funktionelle Gymnastik. In: *Sportpädagogik* 16 (1992) 3, 15–24.

Spikermann, M.: Analyse und Diagnose schwimmspezifischer Kraft-, Beweglichkeits- und Technikmerkmale. Köln 1992.

Spring, H./U. Illi/H.-R. Kunz/K. Röthlin/W. Schneider/T. Tritschler: Dehn- und Kräftigungsgymnastik. Stuttgart 1992, 4. Aufl.

SPRING, H./J. DVORAK/V. DVORAK/W. SCHNEIDER/T. TRITSCHLER/B. VILLIGER: Theorie und Praxis der Trainingstherapie. Stuttgart 1997.

STARISCHKA, S.: Veränderungen konditioneller Fähigkeiten und deren Trainierbarkeit. In: BAUMANN, H. (Hrsg.): Altern und körperliches Training. Bern 1992, 57–76.

STARISCHKA, S./H.-M. STORK/T. FRIEDHOFF: EDV-gestützte Dokumentation und Auswertung von Trainingsdaten. Forschungsbericht. Dortmund 1993.

STEGEMANN, J.: Leistungsphysiologie. Stuttgart 1984, 3. Aufl.

THIESS, G./G. SCHNABEL: Grundbegriffe des Trainings. Berlin 1986.

TIDOW, G.: Flexibilitätsübungen für den Hürdensprinter. Teil 1. In: *Leichtathletiktraining* 8 (1997) 10, 3–15.

TILLMANN, B./G. TÖNDURY (Hrsg.): Anatomie des Menschen – Lehrbuch und Atlas. Band 1: Bewegungsapparat. Stuttgart 1998, 2. Aufl.

TITTEL, K.: Beschreibende und funktionelle Anatomie des Menschen. München 2000, 13. Aufl.

ULLRICH, K./A. GOLLHOFER: Physiologische Aspekte und Effektivität unterschiedlicher Dehnmethoden. In: *Deutsche Zeitschrift für Sportmedizin* 45 (1994) 9, 336–345.

VAN DEN BERG, F.: Mobilisation von Gelenken nach vorheriger Immobilisation. In: HOSTER, M./H.-U. NEPPER: Dehnen und Mobilisieren. Waldenburg 1994, 118–127.

VIIDIK, A.: Elasticity and tensile strength of the anterior cruciate ligament in rabbits as influenced by training. In: *Acta Physiologica Scandinavia* 74 (1968), 372–380.

WASMUND-BODENSTEDT, U./W. BRAUN: Entwicklung anthropometrischer und sportmotorischer Parameter und deren Zusammenhang bei sechs- bis achtjährigen Kindern. In: *Sportwissenschaft* 14 (1984) 4, 362–380.

WEBER, R.: Muskelstimulation durch Vibration. In: *Leistungssport* 27 (1997) 1, 53–56.

WEINECK, J.: Optimales Training. Erlangen 1996, 9. Aufl.

WEISS, U.: Beweglichkeit und Beweglichkeitstraining. In: *Magglingen* 40 (1983) 7, 12–13.

WERCHOSCHANSKI, J. W.: Effektiv trainieren. Berlin 1988.

WERCHOSCHANSKI, J. W.: Grundlagen des speziellen Krafttrainings. In: ADAM, K./J.W. WERCHOSCHANSKI: Modernes Krafttraining im Sport. Berlin 1972, 37-148.

WIEMANN, K.: Beeinflussung muskulärer Parameter durch ein zehnwöchiges Dehnungstraining. In: *Sportwissenschaft* 21 (1991) 3, 295–306.

WIEMANN, K.: Stretching – Grundlagen, Möglichkeiten, Grenzen. In: *Sportunterricht* 42 (1993) 3, 91–106.

WIEMANN, K./M. KAMPHÖFNER: Verhindert statisches Dehnen das Auftreten von Muskelkater nach exzentrischem Training? In: *Deutsche Zeitschrift für Sportmedizin* 46 (1995) 9, 411–421.

WIEMANN, K./A. KLEE/M. STARTMANN: Filamentäre Quellen der Muskel-Ruhespannung und die Behandlung muskulärer Dysbalancen. In: *Deutsche Zeitschrift für Sportmedizin* 49 (1998) 4, 111–118.

WILLIMCZIK, K./K. ROTH: Bewegungslehre. Reinbek 1983.

WINTER, R.: Die motorische Entwicklung des Menschen von der Geburt bis ins hohe Alter. In: MEINEL, K./G. SCHNABEL: Bewegungslehre – Sportmotorik. Berlin 1998, 9. Aufl., 237–349.

WYDRA, G.: Muskeldehnung – aktueller Stand der Forschung. In: *Deutsche Zeitschrift für Sportmedizin* 44 (1993) 3, 104–111.

WYDRA, G.: Stretching – ein Überblick über den aktuellen Stand der Forschung. In: *Sportwissenschaft* 27 (1997) 4, 409–427.

WYDRA, G./K. BÖS/G. KARISCH: Zur Effektivität verschiedener Dehntechniken. In: *Deutsche Zeitschrift für Sportmedizin* 42 (1991), 9, 386–400.

WYDRA, G./S. GLÜCK/K. ROEMER: Kurzfristige Effekte verschiedener singulärer Muskeldehnungen. In: *Deutsche Zeitschrift für Sportmedizin* 50 (1999) 1, 10–16.

ZACIORSKIJ, V. M.: Die körperlichen Eigenschaften des Sportlers. Berlin 1972.

ZATSIORSKY, V. M.: Krafttraining – Praxis und Wissenschaft. Aachen 1996.

ZIMMERMANN, E./C. SCHÜRMANN: Beweglichkeit für Schwimmer/innen. In: *Der Schwimmtrainer* (1992) 75/76, 23–27.

Register

BLV Sportwissen